ଆଶ୍ଚର୍ଯ୍ୟ ଅଭିସାର

ଆଶ୍ଚର୍ଯ୍ୟ ଅଭିସାର

ଗୁରୁପ୍ରସାଦ ମହାନ୍ତି

ବ୍ଲାକ୍ ଈଗଲ୍ ବୁକ୍ସ
ଭୁବନେଶ୍ୱର, ଓଡ଼ିଶା

BLACK EAGLE BOOKS
Dublin, USA

ଆଶ୍ଚର୍ଯ୍ୟ ଅଭିସାର / ଗୁରୁପ୍ରସାଦ ମହାନ୍ତି

ବ୍ଲାକ୍ ଇଗଲ୍ ବୁକ୍ସ : ଭୁବନେଶ୍ୱର, ଓଡ଼ିଶା • ଡବ୍‌ଲିନ୍, ଯୁକ୍ତରାଷ୍ଟ୍ର ଆମେରିକା

BLACK EAGLE BOOKS

USA address:
7464 Wisdom Lane
Dublin, OH 43016

India address:
E/312, Trident Galaxy, Kalinga Nagar,
Bhubaneswar-751003, Odisha, India

E-mail: info@blackeaglebooks.org
Website: www.blackeaglebooks.org

First edition in 1988

First International Edition Published by
BLACK EAGLE BOOKS, 2024

ASCHARJYA ABHISARA
Written by **Guruprasad Mohanty**

Copyright © Family of Guruprasad Mohanty

All rights reserved. No part of this publication may be reproduced, stored in a retrieval system, or transmitted, in any form or by any means, electronic, mechanical, photocopying, recording or otherwise without the prior permission of the publisher.

Cover & Interior Design: Ezy's Publication

ISBN- 978-1-64560-378-8 (Paperback)

Printed in the United States of America

ଉତ୍ସର୍ଗ

ଜେଜେ ମା ଓ ବୋଉଙ୍କ ସ୍ମୃତିରେ......

ସୂଚିପତ୍ର

ବାବା ପାଇଁ ଦୁଇଟି କବିତା (ଏକ)	୯
ବାବା ପାଇଁ ଦୁଇଟି କବିତା (ଦୁଇ)	୧୧
ମୃତ୍ୟୁ	୧୩
ହରେକୃଷ୍ଣ ଦାସ (ଏକ)	୧୬
ହରେକୃଷ୍ଣ ଦାସ (ଦୁଇ)	୧୮
ହରେକୃଷ୍ଣ ଦାସ (ତିନି)	୨୦
ହରେକୃଷ୍ଣ ଦାସ (ଚାରି)	୨୨
ବିଶନ ମହାନ୍ତି	୨୫
ସଞ୍ଜୟ ଓ ଧୃତରାଷ୍ଟ୍ର ସମ୍ବାଦ	୨୭
ଲ୍ୟାଣ୍ଡ୍ ସ୍କେପ୍ (ଏକ)	୩୦
ଲ୍ୟାଣ୍ଡ୍ ସ୍କେପ୍ (ଦୁଇ)	୩୨
ଲ୍ୟାଣ୍ଡ୍ ସ୍କେପ୍ (ତିନି)	୩୩
ନିଦ	୩୪
କ୍ରୀଶ୍ମାସ୍	୩୫
ଜନ୍ମଦିନ	୩୭
ଏମରଜେନ୍ସି (ଏକ)	୩୮
ଏମରଜେନ୍ସି (ଦୁଇ)	୩୯
ଗୋଟିଏ ମୃତ୍ୟୁର ପରେ ପରେ (ଏକ)	୪୦
ଗୋଟିଏ ମୃତ୍ୟୁର ପରେ ପରେ (ଦୁଇ)	୪୧

ଫେରନ୍ତା ବାଟର ପକ୍ଷୀ	୪୩
ନିଷ୍ଠୁରକୋଇଲି	୪୪
ନିଷ୍ଠୁରକୋଇଲି—ତିରିଶ ବର୍ଷପରେ	୪୬
ମାର୍ଶାଘାଇ	୪୭
ମାର୍ଶ ସାହେବର କ୍ରିସ୍‌ମାସ୍‌	୪୯
କମ୍ରେଡ଼ ମାମୁଁ	୫୨
ସାମ୍ନାରେ ଶୀତ ରାତି	୫୪
ବସନ୍ତ ସହିତ ଆସେ	୫୫
ଏସ୍‌ରାଜ ଭାଓଲିନ୍‌	୫୬
ସନେଟ୍‌ର ସେ ସ୍ତ୍ରୀ ଲୋକର......	୫୭
ଫାଲ୍‌ଗୁନର ଫୁଲ ସୁଖେଁ.....	୫୮
ଏଠି ଭୋର ପବନରେ.....	୫୯
ଆହତ ଅଶାନ୍ତ ଦୃଷ୍ଟି	୬୧
ତା ଆଖିର ତୁଳନା ତ	୬୨
ଦେହର ନିର୍ଲଜ ଭୋକ	୬୩
ଏ ନାଲି ମାଟିର ରାସ୍ତା	୬୪
ନିଭୃତ ଏକାନ୍ତ ମୋର	୬୫
ସେ ରହେ ରକ୍ତରେ ମୋର......	୬୬
କ୍ୟାମ୍ପସ୍‌ ବୁକ୍‌	୬୭

ବାବା ପାଇଁ ଦୁଇଟି କବିତା

॥ ଏକ ॥

ଏ ଶୀତର ଏ କୁହୁଡ଼ି ତୋର ବୁଢ଼ୀ ମାଆ ପରି
ତା ଆଖିର ଫିକା ପେଜ, ତା ମୁଣ୍ଡର ଧଳା ଝୋଟ ପରି
ଆଉ ତାର ଚାହାଣିର ଝାପ୍‌ସା ଆକାଶ ସବୁ
ମରିଥିବା ପୃଥିବୀର ସ୍ମୃତିର ଯନ୍ତ୍ରଣା ନେଇ
ପାହାଡ଼ରେ ଏ ଶୀତର ଛଉ ଛଉ ଧଳା ଦାଗ ପରି ।

ସେ ଆସେ ସେମିତି ଠିକ୍ ଧଳା ଶାଲ ଘୋଡ଼ି ହୋଇ
ବାଡ଼ି ଧରି ନଇଁ ନଇଁ
ତା ପଛରେ କେତେ ନଈ, କେତେ ଢେଉ, କେତେ ସୁଅ,
କେତେ ବାଟ ଅପନ୍ତରା ଶୋଷ ଆଉ କେତେ ଥକା ମୁହଁ
ତା ଧଳା ଚାଦର ତଳେ ଶୁଖିଥିବା କ୍ଷୀର କେତେ
ଥଣ୍ଡା ହୋଇ ଯାଇଥିବା ଉଷୁମର କେତେ ନାହିଁ—
କେତେ ଯେ ସେ ଅଜସ୍ର ସମୟ

ତୋ ଆଖିର ଏହି ତାରା
ମୋ ଆଖି ତାରାରୁ ନିଏ ଛଡ଼େଇ ଖେଳଣା କେତେ
କେତେ ଭଙ୍ଗା କଣ୍ଢେଇର ହାତଗୋଡ଼ ଭଙ୍ଗାଚକ
କେତେ ସ୍ପ୍ରିଙ୍ଗ୍ ପେଁକାଳି, ପୁଣି କେତେ ରଙ୍ଗର ଆଲୁଅ......
ତୋ ବୁଢ଼ୀ ମାଆର ଆଖିତରାରୁ ବି ଆଖି ମୋର
ଏମିତି ଛଡ଼େଇ ଦିନେ ଆଣିଥିଲା କେତେ ଗପ, କେତେ ଗୀତ
କେତେ ଯେ ଆକାଶ ଡେଇଁ କେତେ ଗୁଡ଼ି ବେଲୁନରେ
କେତେ ଲୁହ, କେତେ ଡର, କେତେ ବୁଢ଼ୀ ଅସୁରୁଣୀ ମୁହଁ ।

ମୋ ବୋଉର ଆଖି ପରି ତୋ ଆଖିର ଏ ଆକାଶ
ତୋ ଆଖିର କଳା ଢେଉ କଳାମେଘ ନେଳି ପ୍ରଜାପତି
ଖରା ମେଘ ବସନ୍ତର ମହୁ ସବୁ ପିଇ ପିଇ

ପାରି ହୋଇ ପାଠ ପଢ଼ା, ହକି ଆଉ ଫୁଟ୍‌ବଲ୍
ପ୍ରେମ ଆଉ ଚିଠି ଲେଖା, ରୋଗ ଆଉ ଦାରିଦ୍ର୍ୟର ସବୁ କ୍ଷୟକ୍ଷତି
ତୋ ଆଖି ଆକାଶ ଯାଉ ମୋ ବୋଉ ଆକାଶ ପରି
ପାରି ହୋଇ ମହାକାଶ, ମହାକାଳ, ସେ ମୃତ୍ୟୁର ଦୁର୍ନିର୍ବାର ଗତି

ଏ ଶୀତର ଏ କୁହୁଡ଼ି ବାଡ଼ି ଧରି ନଇଁ ନଇଁ
ପାହାଡ଼ ଉଠାଣି ଚଢ଼େ
ତା ଧଳା ଚାଦର ତଳେ କେତେ ଗଛ, କଣ୍ଟା କେତେ
କେତେ ବଣ ଜଙ୍ଗଲର ଫୁଲ
ଶିକାରୀ ବାଘର ନଖ, କାପ୍ତାର ଡେଣା କେତେ.....
ତା ଧଳା ଚାଦର ତଳେ ପାଚିଲା ଧାନର ବାସ୍ନା
ଝିଙ୍କାରିର ଝିଁ ଝିଁ
ବାଦୁଡ଼ି ଡେଣାର ଛାଇ
ଚିକ୍ ଚିକ୍ ତାରା କେତେ, ତା ହାତର ଭାଙ୍ଗିଥିବା କାଚଗୁଣ୍ଡ ପରି ।

ଏ ଶୀତର ଏ କୁହୁଡ଼ି ପାହାଡ଼ ଉଠାଣି ଚଢ଼ି ଚାଲିଯିବ
ତୋ ଆଖିର ଆକାଶ ସେପାରି
ମୋ ଆଖିର ମେଘ ଡେଇଁ ତୋର ବୁଢ଼ୀ ମାଆ ଯାଏ
ତୋ ଆଖି ତାରାରୁ ଖସି ।
ଆଦିଗନ୍ତ, ଆସମୁଦ୍ର ଆଜନ୍ମର ସମୟ ସେପାରି ।

ଏ ଶୀତର ଏ କୁହୁଡ଼ି, ମୋ ବୋଉ ତୋ ବୁଢ଼ୀ ମାଆ
ତୋ ବୁଢ଼ୀ ମାଆର ଚମ
ଧଳା ଶାଲ ଚାଦରର ଅସରନ୍ତି ଆକାଶ ଆକାଶ
ଆଜି ତେଣୁ ତୋ ଆଖିର ତାରାରେ ମୋ ମୃତ୍ୟୁ ହୁଏ
ମୋର ଜନ୍ମ ଜନ୍ମାନ୍ତର
ବହୁ ଲୟ ବିଲୟର ନଷ୍ଟ ଇତିହାସ ।

ବାବା ପାଇଁ ଦୁଇଟି କବିତା

॥ ଦୁଇ ॥

ଆଜିଠାରୁ ତା ବାଟରେ ଫୁଲ ପଡୁ, ଖଇ ପଡୁ
ଚନ୍ଦନ ଓ ଝୁଣାର ବାସ୍ନାରେ
ତା ବାଟରେ ମୁହଁ ସବୁ ହୋଇ ଯାଉ ନିଶ୍ଚିହ୍ନ, ନୀରବ।
ପଛରେ ତ ବାଟ ତାର କର୍ଦ୍ଦମାକ୍ତ ଆବର୍ଜନାମୟ
ତା ପାଦର ଚିହ୍ନ ସେଠି ନାହିଁ ମୋତେ ଆଜି ଆଉ ନାହିଁ।

ତା ଯିବାର ମୁହୂର୍ତ୍ତରେ ବର୍ଷା ଆଉ ଅପରିଚ୍ଛନ୍ନତା।
ଚୁପ୍‌ଚାପ୍ ତା ମୁହଁର ବିକୃତିର ନିଃସଙ୍ଗତା ନେଇ
ଆଖି ବୁଜି ତା ଦୃଷ୍ଟିରେ ସେ ବା କଣ ଦେଖୁଥିଲା ?
ଅସ୍ପଷ୍ଟ ନିଷ୍ପ୍ରଭ ବହୁ ମୁହଁର ବିକୃତି ଅବା ?
କ୍ଳାନ୍ତି କ୍ଳାନ୍ତି କ୍ଳାନ୍ତି ଖାଲି—ବିରକ୍ତି ବା ପରିସମାପ୍ତିର ?
ଅବା ମୋ ଜେଜେର ମୁହଁ କଳା ଧଳା ବାଙ୍କ ନିଶ
ଅତର ଓ ଗୁଣ୍ଡିପାନ, ବଙ୍କା ବାଡ଼ି ରୂପା ପାନ ଡିବାର ସଉକ ?

ଅବା ତା ଦୃଷ୍ଟିରେ ଥିଲା ଦିଗନ୍ତ ଦିଗନ୍ତ ଖାଲି ?
ଅନନ୍ତ ଶୂନ୍ୟତା ଘେରି ହାହାକାର ?
ଅବା ମହା ଶୁପ୍ତିର ନିସ୍ତାର ?

ତୋ ଆଖିର ଡୋଳା ତଳେ ତା ମୁହଁର ଚମ ଆଉ ହାଡ଼
ତୋ ହସର ପାନ ବୋଳ, ତା ବାଳର ଧଳା ଝୋଟ ସବୁ
କେବେହେଲେ ପାଇନାହିଁ ଜୀବନ୍ୟାସ

ତେଣୁ ତୋର ଅସ୍ପଷ୍ଟ ସ୍ମୃତିରେ
ସାମ୍ନାର ସମୟ କେବେ ବ୍ୟତିବ୍ୟସ୍ତ ହେବ ନାହିଁ।
ରାତିର କାକର ଅବା ଜିଦ୍‌ଖୋର ତୋ ଲୁହ ଭିତରେ
ସେ ବୁଢ଼ୀର ଚମ ହାଡ଼ ଶୀତ ଆଉ କୁହୁଡ଼ି ସ୍ମୃତିରେ
କେବେ ତ ଫେରିବ ନାହିଁ ତୋ ଫେରିବା ବାଟରେ କ୍ଳାନ୍ତିରେ।

ତା ଆଖିର କୁହୁଡ଼ିର ତୃପ୍ତି ଆସୁ ତୋର ମନ ଘେରି
ତା ହସର ସ୍ନେହ ଆସୁ ତୋ ଦେହରେ ତାର ସବୁ ଆର୍ଶୀବାଦ ନେଇ
ସେ ଆଜି ଗଲାଣି ଫେରି କାଠଯୋଡ଼ି ବାଲି ଭିତରକୁ
ସେ ଆଜି ଗଲାଣି ଫେରି ସମୟକୁ ଏକ ମହା ପରିସମାପ୍ତିକୁ।

ତା ବାଟରେ ଫୁଲ ପଡୁ ବର୍ଷା ହେଉ ଚନ୍ଦନ ଓ ଝୁଣା
ଅସ୍ପଷ୍ଟ ନିଷ୍ପ୍ରଭ ଯେତେ ମୁହଁ ସବୁ ବିରକ୍ତିର
ଲୋପ ପାଉ ଶୂନ୍ୟ ଆକାଶରେ
ଯାଯାବର ତା ଆତ୍ମାର ରାତି ହେଉ ତୋର ଗୀତ ପରି
ଅର୍ଥହୀନ ଉଲ୍ଲାସର ସାନ ସାନ ଅସରନ୍ତି ଢେଉ।

■

ମୃତ୍ୟୁ

(କବି ଗଙ୍ଗାଧର ମେହେରଙ୍କୁ)

"ମୁଁ ତ ଅମୃତ ସାଗର ବିନ୍ଦୁ
ନଭେ ଉଠିଥିଲି ତେଜି ସିନ୍ଧୁ।
....
ପଥେ ଶୁଖିଗଲେ ପାପତାପରେ,
ହୋଇ ଶିଶିର ଖସିବି ତାପରେ।"

ମହାଶୟ !
କୌତୂହଳ ଠିକ୍ ନୁହେଁ......
ଏ ଦେହ ଓ ଦେହାନ୍ତର ସୀମା ଅବା
ଚେତନାର ପାଚିରି ସେପାଖେ
ଛୋଟ ସ୍କୁଲ୍ ପିଲାପରି ଫାଟକ ସେପାଖ ଡେଇଁ
ଦେଖିବାର କୌତୂହଳ ନୁହେଁ।

ଯେଣୁ ମୁଁ ଜାଣିଚି ଠିକ୍ ଫେରିବାର ବାଟ ଏଠି ନାହିଁ
ଫେରିବାର ଏ ବାଟରେ ଅନ୍ଧାର କେବଳ ଫେରେ
ଯେହେତୁ ମୁଁ ଠିକ୍ ଜାଣେ ଫେରିବାର ଏ ବାଟରେ ଛାଇ ଅବା
ସ୍ମୃତି ଫେରେ ନାହିଁ
ଯେହେତୁ ମୁଁ ଠିକ୍ ଜାଣେ ଛାଇର ଦେହାନ୍ତ ନାହିଁ
ସମୟର ଛାୟାପାତ ନାହିଁ।

ମହାଶୟ
ସେ ମୃତ୍ୟୁରେ ଶୋଭା ପାଉଥିଲା ସେଦିନ ବର୍ଷାର
ଲୁହରେ ଶିଥିଳ ସିକ୍ତ ଶାଳବଣ
କାଉ ଓ କଜଳପାତି ପର ସବୁ ଆକାଶରୁ ତୁହା ତୁହା ଅସରା ଅସରା
ଆପଣଙ୍କ ଚାଳ ଘାରି
ଝିଙ୍କି ହୋଇ ପଡୁଥିଲା ସେଦିନ ସନ୍ଧ୍ୟାରେ
ଆପଣଙ୍କ ଦେହ ଆଉ ଦେହାନ୍ତର ସୀମାନ୍ତ ଉପରେ
ସେଦିନ ସୁନ୍ଦର ସେହି ଶାଳ ବଣ ଧାନ କ୍ଷେତ
ଆଷାଢ଼ର ସେ ପୃଥିବୀ
ଜୀବନରୁ ମୃତ୍ୟୁ ପାଇଁ ସମୟର ବିଦଗ୍‌ଧ ସଙ୍ଗୀତ ।

ସେ ମୃତ୍ୟୁର ଶୋଭାଠାରୁ ବଡ଼ ଦୂର
ଏ ପୃଥିବୀ ଧୂସର ପାଣ୍ଡୁର .....
ଅକସ୍ମାତ ଆକାଶର ମହା ଶୂନ୍ୟତାରେ
ପ୍ରାଚୀନ ସୂର୍ଯ୍ୟର ଘୂର୍ଣ୍ଣିବାତ୍ୟାରୁ ଏ ଛିଣ୍ଡି ଯିବା .....
ତା ପରେ ଦଶାବତାର ନାଚର ରୋମାନ୍‌ସ ଧରି
ପାହାଡ଼ ଜଙ୍ଗଲ ମେଘ ଝରଣା ଓ ଏ ସହର
ପାଖୁଡ଼ା ପାଖୁଡ଼ା ଏହି ଝଡ଼ିଯିବା ଗୋଲାପ ଫୁଲର.....
ବିଷଣ୍ଣ ସ୍ମୃତିର ମ୍ଳାନ ସ୍ୱପ୍ନ ନେଇ
ଆକାଶର ଦେହରେ ଦେହରେ
ଏହି ତାରା ଛାୟାପଥ ମ୍ୟାଜିକ୍ ଲିଭିଯାଇ
ଛାଇର ଦେହାନ୍ତ ପରେ ସମୟର ବାଟରେ ଫେରିବା.... ।
କିନ୍ତୁ ମହାଶୟ
ଛାଇର ଦେହାନ୍ତ ନାହିଁ, ସମୟର ଛାୟାପାତ ନାହିଁ ।

ମହାଶୟ, ଆଜି ତେଣୁ ଏ ମୃତ୍ୟୁରେ କୌତୂହଳ ନାହିଁ
ଆଶା ନାହିଁ ଇପ୍‌ସା ନାହିଁ—ପୁଣି ଏଠି ଫେରି ଆସି
ଏ ରାସ୍ତାର ବାର୍‌ଲାଇଟ୍ କାର୍ ବସ୍ ସ୍କୁଟର ଭିତରେ
ଝଡ଼ା ପତ୍ର ଗୀତ ହୋଇ ବହୁତ ଦେହର, ବହୁ ସ୍ପନ୍ଦନରେ
ମିଶିଯିବା ନାହିଁ ।

ଏ ମୃତ୍ୟୁ କେବଳ ଠିକ୍ ସହରର ସବୁ ଫ୍ୟୁଜ୍ ଅକସ୍ମାତ୍ ପୋଡ଼ିଗଲା ପରି
ଏ ମୃତ୍ୟୁ ବା କାହାପାଇଁ ଚାକିରିରୁ ଅକସ୍ମାତ୍ ଛୁଟି ନେଲା ପରି।

ମହାଶୟ
ମୁଁ ଯଦି ପାରନ୍ତି ରଖି ଆପଣଙ୍କ 'ଅମୃତ' ଓ 'ଶିଶିର'ର ଆଶା।

ହରେକୃଷ୍ଣ ଦାସ

॥ ଏକ ॥ *

ଆକାଶର ଅନ୍ଧାରରେ ଏ ପୃଥିବୀ ବରାବର ଚାଲେ
ଭାରସାମ୍ୟ ଠିକ୍ ରଖି ଗ୍ରହ ତାରା ଜ୍ୟୋତିଷ୍କ ସହିତ
ଭାରସାମ୍ୟ ଠିକ୍ ରଖେ କଟକରେ ହରେକୃଷ୍ଣ ଦାସ...
ଯୌନ ଆଉ ପ୍ରଜନନକ୍ରୀୟା ଚାଲେ ଠିକ୍ ନିୟମିତ।

ଆମର ଏ ପୃଥିବୀରେ କେବେ କିଛି ଲୋପ ହୁଏ ନାହିଁ
ମଶା, ମାଛି, ପୋକଯୋକ, ଲୋକବାକ କାଉ ଓ ବାଦୁଡ଼ି
ରାତିର ଅନିଦ୍ରା ଆଉ ଦିପହର ଝାଳ ଆଉ ତାତି
କେବେ କିଛି ଯାଏ ନାହିଁ ପୂରାପୂରି ଦେଶରୁ ଉଜୁଡ଼ି।

ରାଜନୀତି ଭଲଲାଗେ, ଭଲଲାଗେ ନାଟକ କବିତା
ହରେକୃଷ୍ଣ ଦାସ ପଢ଼େ ପ୍ରତିଦିନ ଖବର କାଗଜ
ସିନେମାରେ ଛବି ପୁଣି ନିୟମିତ ଚାଲିଛି ବଦଳି
ନିୟମିତ ଛୁଟିହୁଏ କିଲଟରୀ ସ୍କୁଲ କଲେଜ।

ନିୟମ ଓ ହାର୍ମୋନି ଭାରସାମ୍ୟ ଠିକ୍ ଅଛି ସବୁ
ଅବାକ୍ ଆଶ୍ଚର୍ଯ୍ୟ ହୁଏ ହରେକୃଷ୍ଣ ଦାସ ଥରେ ଥରେ

---

* ହରେକୃଷ୍ଣ ଦାସ (ଏକ) ଓ (ଦୁଇ) "ସମୁଦ୍ର ସ୍ନାନ"ରେ ସ୍ଥାନ ପାଇଛି। ଅନେକ ବର୍ଷ ପରେ କବି ଲେଖିଛନ୍ତି ହରେକୃଷ୍ଣ ଦାସ (ତିନି) ଓ (ଚାରି)। ପାଠକଙ୍କର ସୁବିଧା ପାଇଁ ଚାରୋଟି କବିତାକୁ ଏକାଠି ଦିଆଯାଉଛି।

ଚଉଧୁରୀ ବଜାରର ବିକାକିଣା ଠେଲା ଠେଲି ଦେଖି
କାହାର ଏକତା ଏଠି ବ୍ୟବସାୟ କାରବାର କରେ !

ମେଘ ଓ ତାରାର ଯେତେ ଯାତାୟାତ ରେଳ ମଟରର
ମଶା ଓ ମାଛିର ଯେତେ ଯାତାୟାତ ଦିନ ଓ ରାତିର
ହାଫ୍‌ଛୁଟି ଶନିବାର ମାଟିନ୍ ସୋ ରବିବାର ଦିନ
ଏସବୁ ନିୟମ ତଳେ କାମକରେ ଗୁପ୍ ଚୁପ୍ ମିଷ୍ଟିକ୍ କାର ପ୍ରୟୋଜନ !

x x x

ଏ ପୃଥିବୀ ଠିକ୍ ଚାଲେ ଠିକ୍ ଚାଲେ, ସମୟର ଗତି
ଆଜିର ନାୟିକା ପାଏ ମାଆ ପାର୍ଟ୍ କାଲି ସିନେମାରେ
ଆକାଶର ତାରା ଯେତେ କେବେହେଲେ ଗଣିହୁଏ ନାହିଁ
ଆଶ୍ଚର୍ଯ୍ୟ ପୃଥିବୀ ହୁଏ ହତବାକ୍ ଅଭିଭୂତ ସୂର୍ଯ୍ୟାସ୍ତ ଭିତରେ !

ସୂର୍ଯ୍ୟାସ୍ତର ଆକାଶରେ ନରାଜ ଓ କାଠଯୋଡ଼ୀ ନିଭେ
ଗୋଟି ଗୋଟି ଜଳିଉଠେ ତାରା ଆଉ ଦୋକାନ ଆଲୁଅ
ମାର୍କସ୍‌ବାଦ ଗାନ୍ଧିବାଦ ପାମ୍ପଲେଟ ଟିକଟ ବିକାରେ
ଉତ୍ତେଜନା ବେଶ୍ ଜମେ ନାରୀ ଆଉ ଶ୍ରମିକ ବିଦ୍ରୋହ ।

ହରେକୃଷ୍ଣ ଦାସ ବସେ ସ୍ୱପ୍ନ ଦେଖି ଝରକା ପାଖରେ
ସେପାଖ କୋଠାର ଝିଅ ପ୍ରତିଦିନ ବୁଲିବାକୁ ଯାଏ
ପ୍ରତିଦିନ ଏ ପୃଥିବୀ ଆକାଶର ଅପନ୍ତରା ଡେଇଁ ?
ଅଜ୍ଞାତ ବା ଅବଜ୍ଞାତ କେଉଁ ଦୂର ଅନ୍ଧାରକୁ ଧାଏଁ ?

■

ହରେକୃଷ୍ଣ ଦାସ

॥ ଦୁଇ ॥

ସନ୍ଧ୍ୟା କେବେ ଜଳିଯାଏ ଗାଢ଼ଲାଲ ବଣନିଆଁ ପରି
ଆକାଶର କଳା ଧଳା ବଉଦର ପାହାଡ଼ ଉପରେ
ସନ୍ଧ୍ୟା ପୁଣି କେବେ ନିଭେ କୁଢ଼ କୁଢ଼, କଳା କଳା ବଉଦ ଭିତରେ
କୋଇଲା ଚୁଲିର ଶେଷ ଝିକି ମିକି ରଢ଼ ନିଆଁ ପରି ।

ଅରଖ ଫୁଲର ଫିକା ବାଇଗଣି ବଉଦ ଉପରେ
ସୂର୍ଯ୍ୟ କେବେ ରହିଯାଏ ମୁହୂର୍ତ୍ତକ ହଳଦିଆ ପ୍ରଜାପତି ପରି
ଆକାଶର ଫିକା ନେଳି ହଳଦୀ ଓ ବାଇଗଣି ମୁଠା ମୁଠା ବଉଦ ଭିତରେ
ସୂର୍ଯ୍ୟ ପୁଣି କେବେ ନିଭେ ଧୀରେ ଧୀରେ ଛୋଟ ହୋଇ
ବ୍ୟାଟେରୀ ନଥିବା ସାନ ଟର୍ଚ୍ଚ ଲାଇଟ ପରି ।

ସବୁଜ କବିତା ପରି ହୁଏତ ବା ଏ ପୃଥିବୀ ରୋମାଣ୍ଟିକ ସ୍ୱପ୍ନାଭ ସୁନ୍ଦର
ରେଡ଼ିଓର ଗୀତପରି ହୁଏତ ବା ଏ ଜୀବନ ଦେହହୀନ କେତୋଟି ମୂର୍ଚ୍ଛନା
'ଧୂପ'ର ବିରହ ପରି ହୁଏତ ବା ଏହିମନ ଆକାଶର ଭାରାତୁର ମେଘ
ହୁଏତ ବା ଏହି ଦେହ ପମ୍ପାସର ନୀଳନୀରେ ନାଗଲୋକ କନ୍ୟାର କାମନା

ତଥାପି ଶୀତର ଥଣ୍ଡା ରାତି ଆଉ କୁହୁଡ଼ିର ଧୂଆଁଳିଆ ଦେହ
ଗଳିରୁ ଗଳିକୁ ଛୁଇଁ ଛୁଇଁ ଲାଇଟ୍ ପୋଷ୍ଟ ବଗୁଲିଆ ସ୍କୁଲ ପିଲାପରି
ଚଉଧୁରୀ ବଜାରର ଆଳୁଅ ଓ ଠେଲାଠେଲି ଗହଳି ଭିତରେ
ଏ ପୃଥିବୀ ଜଣାଯାଏ ବନ୍ଧୁହୀନ ଜ୍ଞାତିହୀନ କେଉଁ ଏକ ଅନ୍ୟ ଦେଶ ପରି ।

ଆଶା ଓ ନିରାଶା ଯେତେ ପ୍ରଚାର ଓ ସଭାପରେ ଯୋଜନା ଓ କମିଶନ୍ ପରେ।
ଆଶା ଓ ନିରାଶା ଯେତେ ପ୍ରେମଚିଠି ଲେଖାପରେ ଚାକିରୀ ଓ ବାହାଘର ପରେ
ଚଉଧୁରୀ ବଜାରର ଆତ୍ମାଦେଇ ଏତେ ଦେହ ନିରାଶା ଓ ଆଶାର ମଣିଷ
ମିଶିଯାଏ ଢେଉ ହୋଇ ଦୋକାନରୁ ଦୋକାନକୁ
ନାଲି ନେଳି ଆଲମାରି କାଚ ଆଉ ଆଲୁଅ ଭିତରେ।

ହରେକୃଷ୍ଣ ଦାସ ଚାହେଁ ଅବାକ୍ ଆଶ୍ଚର୍ଯ୍ୟ ଆଜି
ଏତେ ଭିଡ଼ ଏତେ ଲୋକ ଏତେ ତେଜ ଦୋକାନ ଆଲୁଅ
ପେଟ୍ରୋଲ ବାସ୍ନାରେ ସରକାରୀ ଜିପ୍‌ଗାଡ଼ି "ଷ୍ଟିଅରିଂ ହୁଇଲ"ରେ
ଏହି ଛୁଆଁ ପ୍ରଥମ ଶୀତର
ହରେକୃଷ୍ଣ ଦାସ ଚାଲେ ସହରର ବନ୍ଧୁହୀନ ଜ୍ଞାତିହୀନ
"ନମସ୍କାର" "ଜୟହିନ୍ଦ୍" "ସଲାମ" ଭିତରେ
ହରେକୃଷ୍ଣ ଦାସ ଦିଏ ହଠାତ୍ ଗାଡ଼ିର ବ୍ରେକ—
ଅକସ୍ମାତ୍ ଏ କି ଭୟ—
କେଉଁ ଘୋର ଦୁର୍ଦ୍ଦିନ ବା କେଉଁ ଘୋର ମହା ପାତକର।

ଭୟ ଆଉ ପାପ ମିଶି ଏ ସମୟ ଅନ୍ତଃସତ୍ତ୍ୱା ଜୀବନର
ଭଗ୍ନାଂଶ କେବଳ
ତେଣୁ ଏହି ସହରର ଗଳିରେ ଛିନ୍ନ ପ୍ରାଣହୀନ ଦେହ ଓ କାମନା
ତେଣୁ ଏହି ସହରର ବିବର୍ଣ୍ଣ ଦେହରେ ଶୀତ ଖଦଡ଼ ଓ ଉଲ୍‌ର ପୋଷାକ
ଭିତରେ ହଠାତ୍ ଆସି ଛିଡ଼ାହୁଏ ସାମ୍ନାରେ
ଅଭିଶପ୍ତ ମଣିଷର ପାପ ଆଉ ଭୟର ପ୍ରେତାତ୍ମା।

X X X

ଅପରାଜିତାର ଗାଢ଼ ବାଇଗଣି ବଉଦ ଉପରେ
ସୂର୍ଯ୍ୟ କେବେ ରହିଯାଏ ମୁହୂର୍ତ୍ତକ ହଳଦିଆ ପ୍ରଜାପତି ପରି
ମଣିଷର କେତେ ସ୍ୱପ୍ନ ଆଶା ଓ ନିରାଶା କେତେ ଯୋଜନା ଓ କମିଟି ଭିତରେ
ସୂର୍ଯ୍ୟ କେବେ ନିଭିଯାଏ ଆସ୍ତେ ଆସ୍ତେ ଛୋଟ ହୋଇ
ବ୍ୟାଟେରୀ ନଥିବା ସାନ ଟର୍ଚ୍ଚ ଲାଇଟ୍ ପରି।

ହରେକୃଷ୍ଣ ଦାସ

॥ ତିନି ॥

ସମୟ ସହିତ ତାର ସେଦିନର ଅଭିସାର* ମ୍ୟାଜିକ୍ ମୁହୂର୍ତ୍ତ
ପକ୍ଷୀମାନେ ହଠାତ୍ ଉଠିଲେ ଗାଇ : ଆଶ୍ଚର୍ଯ୍ୟ ସେ ରୀତି :
ସମୟ ସହିତ ସେହି ଅଭିସାର ମୁହୂର୍ତ୍ତରେ
କେତେ ପକ୍ଷୀ କେତେ ଫୁଲ କେତେ ବ୍ୟାଣ୍ଡ୍ ବାଜା !
ଅବାକ୍ ଆଶ୍ଚର୍ଯ୍ୟ ହୋଇ ସେଦିନ ତା କୋଠା ଝରକାରୁ
ହରେକୃଷ୍ଣ ଦାସ ବସି ଦେଖୁଥିଲା
ଫୁଲ ଓ ପକ୍ଷୀର ଭିଡ଼
କେତେ ହସ ନାଚ ଗୀତ କେତେ ସ୍ଲୋଗାନ୍ କେତେ ବ୍ୟାଣ୍ଡ୍ ବାଜା

ରାସ୍ତାଯାକ ଯୋତାଟଟି କାଚଗୁଣ୍ଡ ଭଙ୍ଗା ସାଇକଲ୍
ଆସ୍ତେ ଆସ୍ତେ ଜଳୁଥିବା ଜିପ୍‌ଗାଡ଼ି ଓ ଏସ୍ ଟି ସି ବସ୍
ଛିଣ୍ଡା ବହି ଖାତା ବ୍ୟାଗ୍ ରକ୍ତଭିଜା ସାର୍ଟ ଓ ରୁମାଲ
ସନ୍ଧ୍ୟାର ନିଶ୍ଚଳ ଖରା, ପୋଡୁଥିବା ଗାଡ଼ି ଚକ ରବର ଧୂଆଁରେ
ବ୍ୟତିବ୍ୟସ୍ତ ରାସ୍ତା ପାଖ ଗଛ ।
ଛାତ୍ର ଓ ଜନତା ସବୁ ଛତ୍ରଭଙ୍ଗ ଦେଲା ପରେ ଶୂନ୍‌ଶାନ୍ ରାସ୍ତା ଓ ପଡ଼ିଆ
ଶୂନ୍‌ଶାନ୍ କୋଠାଘର, ପୁଲିସ୍ ଗଲେଣି ଫେରି ଆମ୍ବୁଲାନ୍‌ସ୍ ଗାଡ଼ି
ଲାଠି ଚାର୍ଜ୍ ଗୁଳି ପରେ ଗାଡ଼ି ରିକ୍‌ସା ଚଳାଚଳ ବିଲ୍‌କୁଲ୍ ବନ୍ଦ ଏ ରାସ୍ତାରେ ।

---

* A long time ago we had made a tryst with Destiny-Jwaharlal Nehru.

ସେମାନଙ୍କ ଚେହେରାର ଛାଇପଡ଼େ ଫୁଟ୍‌ପାଥ୍ ରାସ୍ତା ଓ ଛକରେ
ଇରମ୍‌ରୁ ଇଞ୍ଜୁଡ଼ିରୁ କେତେ ଜେଲ୍ ଫାଟକ ଭିତରୁ
ସେମାନେ ଆସନ୍ତି ଫେରି ଧୋତି ଖଦି କୁର୍ତ୍ତାରେ
ଗାନ୍ଧି ଟୋପି ଝୁଲା ବ୍ୟାଗ୍ ବାଡ଼ି ଧରି
ହଜି ମରି ଯାଇଥିବା ସ୍ଲୋଗାନ୍‌ରୁ, 'ପ୍ରସେସନ୍' 'ଜୁଲୁସ୍' ଭିତରୁ
ଏହି ଝାପ୍‌ସା କୁହୁଡ଼ିରେ
ବିଧାନ ସଭାର ଏହି ଭାଙ୍ଗିଥିବା କାଠବାଡ଼ି ଶୂନ୍‌ଶାନ୍ କୋଠା ସାମ୍ନାକୁ।

ସେ ଯାତ୍ରା ସେ ସ୍ଲୋଗାନ୍‌ରେ ଥିଲା ଏକ ନିର୍ଭୀକ ନିର୍ଣ୍ଣୟ
ଆଜିର ସ୍ଲୋଗାନ୍ ଆଉ ଚିତ୍କାରର ଉଲଗ୍ନ ଏ ନିଷ୍ଠୁର ଆକ୍ରୋଶ
ଭୟଙ୍କର ଏହି କ୍ରୋଧ ଏହି ଘୃଣା
ସମୟର ଏ ସନ୍ଧିରେ ତାର କେଉଁ ନିର୍ଦ୍ଦିଷ୍ଟ ନିର୍ଣ୍ଣୟ ?

ହରେକୃଷ୍ଣ ଦାସ ଆଜି ଡାକତାର ବିଭାଗର କୋଠା ଝରକାରୁ
ଆଛନ୍ନ ଆଖିରେ ଦେଖେ କୁହୁଡ଼ିର ପ୍ରଚ୍ଛନ୍ନ ପ୍ରହର
କ୍ରମେ ଆସି ଢାଙ୍କିଦିଏ ନିଭି ନିଭି ଆସୁଥିବା ଓ ଏସ୍ ଟି ସି ବସ୍
ସେମାନଙ୍କ ଚେହେରାର ଛାଇ ପରି ଏ ନିଶ୍ଚଳ ଜହ୍ନ ଓ କୁହୁଡ଼ି
ସେମାନଙ୍କ ସ୍ଲୋଗାନ୍‌ର ପ୍ରତିଧ୍ୱନି ଶୋଷ ନିଏ
ଆସେମ୍ବ୍ଲିର ନିର୍ଜନ ରାସ୍ତାରେ........

ଆଶ୍ଚର୍ଯ୍ୟ ସେ ହଜିଥିବା ମୁହୂର୍ତ୍ତର ସମୟର ଅଭିସାର ରାତି
ପକ୍ଷୀ ଆଉ ଫୁଲ ସବୁ
ହସଗୀତ ବ୍ୟାଣ୍ଡ୍ ବାଜା
କେବେ ଥିଲା ? କେଉଁଠି ? କେଉଁଠି ?

ହରେକୃଷ୍ଣ ଦାସ

॥ ଚାରି ॥

କେତେ ମୃତ୍ୟୁ ଜନ୍ମ କ୍ଷୟ କେତେ ନଷ୍ଟ ଶତାବ୍ଦୀର
ବିଲୁପ୍ତି ଓ ପରିବର୍ତ୍ତନରେ
ଯାଯାବର ତା ସତ୍ତାର ଯାତ୍ରା ବା ଆରମ୍ଭ ହେଲା ?
ଆଜିର ଏ ଶତାବ୍ଦୀର ମ୍ରିୟମାଣ ଅସ୍ପ ଆକାଶରେ
ଯେତେବେଳେ ଉତ୍କଣ୍ଠା ଓ ଆଶଙ୍କାର ପ୍ରଶ୍ନଚିହ୍ନ ଏତେ
ତା ସହିତ ଦେଖା ମୋର ଆଜି ପୁଣି ଅକସ୍ମାତ
ରାଜଧାନୀ ସି. ଆର୍. ପି. ଛକରେ।

ଆଜି ତାର ଚେହେରାରେ ବିଶେଷ ଯେ ନୂଆ କିଛି
ବିଶେଷ ତଫାତ୍ କିଛି ଜଣା ପଡ଼େ ନାହିଁ
ମୁଣ୍ଡରେ ବାବୁରି ବାଳ ସରୁ ନିଶ ନାକ ତଳେ
ସେହି ଚେଷ୍ଟା ଆତ୍ମ ପ୍ରତିଷ୍ଠାର
ତଫାତ୍ ଏତିକି ଯାହା ଫେସନ୍‌ରେ ପୋଷାକରେ
ହିନ୍ଦି ଆଉ ଇଂରାଜି ମିଶା ମିଶି ଓଡ଼ିଆ କଥାରେ।
ହରେକୃଷ୍ଣ ଦାସ୍ ଆଜି ସି. ଆର୍. ପି. ଛକରେ ଦେଖେ
ଆକାଶରେ ଅଗଣିତ ତାରା
ଅଗଣିତ ପ୍ରଶ୍ନବାଚୀ ଅସଂଖ୍ୟ ସପ୍ତର୍ଷି ପରି
ଆଜିର ଏ ଶତାବ୍ଦୀର ନଷ୍ଟ ଦେହ ଶେଷ ଦଶକରେ।

ସେଦିନ ବି ଠିକ୍ ସେଠି ଅନ୍ୟ ଏକ ଶତାବ୍ଦୀର ପ୍ରଶ୍ନଚିହ୍ନ ଧରି
ରାତି ଯେବେ ଦ୍ୱିଧାଗ୍ରସ୍ତ ହତବାକ୍ ଅନ୍ୟ ଏକ ସହରର ନିର୍ଜନ ରାସ୍ତାରେ

ହରେକୃଷ୍ଣ ଦାସ୍ ତାର ସିଲ୍‌କର ପଗଡ଼ି ତଳୁ ଆଶ୍ଚର୍ଯ୍ୟ ଅବାକ
ଶୁଣିଲା ଘୋଡ଼ାର ଶବ୍ଦ
ଘୋଡ଼ାର ଆବାଜ ଗଲା ସହରର ସୀମା ପାର୍ ହୋଇ
ବିପର୍ଯ୍ୟସ୍ତ ଯେତେ ଆଶା କାମନାର ମୃତ୍ୟୁ ଖୋଜି
ମହା ପରି ନିର୍ବାଣର ବୋଧିଦ୍ରୁମ ଆଡ଼େ।

ତାପରେ ସେଦନ ପୁଣି.........
ମଝିରେ ଶତାବ୍ଦୀ କେତେ ଲୋପ ପାଇ ଯାଇଥିଲା
ଯାଯାବର ତା ଯାତ୍ରାର ଖବର ନ ଥିଲା କିଛି.......
କିନ୍ତୁ ପୁଣି ସେଦିନ ସନ୍ଧ୍ୟାରେ
ଶାଗୁଣା ବହୁତ ଥିଲେ ଆକାଶରେ
ହିମାଳୟ ପାରି ହୋଇ ଇତିହାସ ଆସିଥିଲା
ବାରୁଦ ଗୋଳାର ଧୂଆଁ ଉଲ୍ ଟୋପି ଉଲ୍ ପୋଷାକରେ।
ଦିଲ୍ଲୀର ନିର୍ଜନ କୋଠା ଉହାଡ଼ରେ ଛିଡ଼ା ହୋଇ ହରେକୃଷ୍ଣ ଦାସ
କପାଳରୁ ଝାଳ ପୋଛି ସେଦିନ ସନ୍ଧ୍ୟାରେ
ମନେ ମନେ ଠିକ୍ କଲା ଏଥର ଶିଖିବା ପାଇଁ ଫାର୍‌ସି ବା ଆରବି ଭାଷା
ସମୟର ଏହି ନୂଆ ସୁବିଧା ଓ ନୂଆ ସୁଯୋଗରେ

X X X

କେଉଁ ସ୍କୁଲ୍ ମଦ୍ରାସାରୁ ଉର୍ଦ୍ଦୁ ବା ଫାରସି ଶିଖି ହରେକୃଷ୍ଣ ଦାସ୍
ମୋଗଲ କୋର୍ଟରେ ଥିଲା କିରାନୀ ବା... ଗଜପତି ଉଆସ ଭିତରେ
କେଉଁ ସ୍କୁଲ୍ ଚାହାଳିରୁ କରଣି ଅକ୍ଷର ଶିଖି ଲେଖୁଥିଲା
ଜମାଖର୍ଚ୍ଚ ଖାତାର ହିସାବ
ଫିରିଙ୍ଗି ଅମଳ ବେଳେ କେବେ ପୁଣି ପାସ୍ କରି ହାଇସ୍କୁଲ ପାଠ
ହରେକୃଷ୍ଣ ଦାସ ଥିଲା କେଉଁ ଛୋଟ ସହରର ଥାନା ବାବୁ
କିରାନୀ ବା ଟିକସ୍ ଦାରୋଗା......
ତଥାପି ତା ଚାହାଣିରେ ସେଦିନ ବି ଆଜି ପରି ସମୟର ସ୍ତବ୍ଧ ପ୍ରହେଳିକା
ସ୍ତବ୍ଧ ତାର ଦୁଇ ଆଖି ପ୍ରଶ୍ନମୟ ବ୍ୟସ୍ତ ଓ ବିବ୍ରତ
ନୂଆ ନୂଆ ପୋଷାକରେ ବାରମ୍ବାର ସେହି ଚେଷ୍ଟା ଆତ୍ମ ପ୍ରତିଷ୍ଠାର।

ଆଦିମ ଯୁଗରୁ ତାର ଆଜିଯାଏ ଏ ଯାତ୍ରାର ଶେଷ ଅବା କେବେ?
ଦ୍ୱିଧାଗ୍ରସ୍ତ ତା ମନର ଅସହାୟ ଆଶଙ୍କା ଭିତରେ
ସଭ୍ୟତା ଓ ସାମ୍ରାଜ୍ୟର ବିପ୍ଳବ ଓ ଯେତେ ବିବର୍ତ୍ତନ
ଅର୍ଥନ୍ୟାସ ପାଇ ନାହିଁ
ତା କ୍ଷୁଦ୍ର ସତ୍ତାର ଚିର ଦ୍ୱନ୍ଦ୍ୱ ଭରା ଭୟ ଓ ଭ୍ରାନ୍ତିରେ
ଟେକ୍ସ୍ଟ ବହି ଛଡ଼ା କେବେ ଇତିହାସ ଅର୍ଥ ପାଇ ନାହିଁ।

ଦ୍ୱିଧାଗ୍ରସ୍ତ ଯାତ୍ରା ତାର ଚିରନ୍ତନ ଶୁଭ ହେଉ
ଚିରନ୍ତନ ଜାରି ରହୁ ତା ଆଖିର ନିର୍ବୋଧ ଚେତନା
ନେତା ମନ୍ତ୍ରୀ ବିଧାୟକ ଦାର୍ଶନିକ କବି ଶିଳ୍ପୀ ଇତ୍ୟାଦି ପ୍ରତିଭା
ଲୋପ ପାଇ ଗଲା ପରେ, ଅଫିସ୍‌ରେ କଚିରୀରେ
ଡଟ୍‌ପେନ୍ ଫାଇଲ୍‌ରେ ତାର କ୍ଷୁଦ୍ର ସତ୍ତା ରହୁ
ମୃତ୍ୟୁହୀନ ମଣିଷର ସ୍ଥିର ବିନ୍ଦୁ ହୋଇ
ହରେକୃଷ୍ଣ ଦାସ
ବାରମ୍ବାର ଫେରୁ ଥାଉ ମୃତ୍ୟୁରୁ ଅମୃତ ଖୋଜି
କୋର୍ଟକୁ, କଚିରୀକୁ
ବହମାନ ସମୟର 'ପତନ ଓ ଅଭ୍ୟୁଦୟ' ଅର୍ଥନ୍ୟାସ ପାଇଁ

x x x

ସେକ୍‌ସନ୍ ଅଫିସର—ଗେଜେଟେଡ୍ — କ୍ଲାସ୍‌ଟୁ — ଜୁନିଅର
ହରେକୃଷ୍ଣ ଦାସ
ଆଜି ଯେବେ ରିକ୍‌ସା ଖୋଜେ ରାଜଧାନୀ ସି. ଆର୍. ପି. ଛକରେ
ସମୟର ଇସ୍ତାହାର ଶୁଭେ ଯେବେ ଟିଭିରେ ଓ ରେଡ଼ିଓରେ
ମଟର ହର୍ଣ୍ଣରେ
ଆହା .... ରିକ୍‌ସା ଚଢୁ ହରେକୃଷ୍ଣ ଦାସ
ଦ୍ୱିଧାଗ୍ରସ୍ତ ତା ଆଖିରେ ପ୍ରଶ୍ନର ପ୍ରଶ୍ନଚିହ୍ନ ପ୍ରଶ୍ନଚିହ୍ନ
କ୍ଷୟମାନ ଶତାବ୍ଦୀର ଶେଷ ଦଶକରେ

■

ବିଶନ ମହାନ୍ତି

ମହାପ୍ରଭୁ
ମୋର ଭଙ୍ଗା ମୃଦଙ୍ଗର ନଷ୍ଟଗର୍ଭ ନଷ୍ଟ ତାଳ ଲୟ
ଆପଣଙ୍କ ଅର୍ଦ୍ଧ ଦଗ୍ଧ ନଷ୍ଟଦାରୁ ନଷ୍ଟ ଦେହ ପରି
ଗଙ୍ଗାର ନିର୍ଜନ ରାତି ହାହାକାର ଶୂନ୍ୟତା ଭିତରେ
ପରିତ୍ୟକ୍ତ ଅସହାୟ ଝିଙ୍କାରି ଓ କାଶବଣ ଗଗନ ସହିତ

ଆପଣ ପାରିଲେ ନାହିଁ ନିଜକୁ ତ ରକ୍ଷାକରି ସେଦିନ ଯୁଦ୍ଧରେ
କେତେ ହତ୍ୟା, ରକ୍ତପାତ, ବିଧ୍ୱସ୍ତ, ମନ୍ଦିର ଗ୍ରାମ, ବିକଳାଙ୍ଗ ବିଧ୍ୱସ୍ତ ବିଗ୍ରହ
କଣ୍ଟା ଝାଡ଼ ଜଙ୍ଗଲରେ, ଗଡ଼ଖାଇ, ନଙ୍ଗ ପନ୍ତାରରେ
ଆପଣଙ୍କ ଦେହରକ୍ଷୀ ରାଜା ପ୍ରଜା ସୈନ୍ୟ ସେନାପତି
ସେମାନଙ୍କୁ ମୁର୍ଦ୍ଧାରର ସତ୍କାର ଓ ଶେଷ କୃତ୍ୟ ପାଇଁ
ଆଜି କେହି ସାହା ନାହିଁ। ଆପଣଙ୍କ ଅର୍ଦ୍ଧଦଗ୍ଧ ନଷ୍ଟ ଦାରୁ ପରି
ସେମାନେ ବି ପରିତ୍ୟକ୍ତ ଅସହାୟ ଆପଣଙ୍କୁ ହତଶ୍ରୀ ରାଜ୍ୟରେ

ଆପଣ ଫେରିବେ କଣ ଶ୍ରୀକ୍ଷେତ୍ରକୁ ପୁଣିଥରେ? ....ଅନ୍ୟଦାରୁ
ଧୂପ ଝୁଣା ଚନ୍ଦନର ସୁଗନ୍ଧରେ ଅନ୍ୟ ରଙ୍ଗ ଅନ୍ୟ ଚିତ୍ରାଙ୍କନ?
ଆପଣ ତ ଫେରିଥିଲେ ତ୍ରେତୟା ଓ ଦ୍ୱାପରରେ; ପୁଣି ଏକ ଅରଣ୍ୟ ରାଜ୍ୟରେ
ନିଦ୍ରିତ ରାଣୀର ଗର୍ଭ ଭିତରକୁ ଆଲୋକିତ ଶ୍ୱେତ ହସ୍ତୀ ହୋଇ।
ଆଜିର ଏ ସୂଚୀଭେଦ୍ୟ ଅନ୍ଧାରରୁ ଉଚ୍ଛିଷ୍ଟ ଭିତରେ
ଆପଣ ଫେରିବେ ପୁଣି ଅନ୍ୟ କେଉଁ ଆକାରରେ
ମୋର ଭଙ୍ଗା ମୃଦଙ୍ଗରୁ ଅନ୍ଧାର ଗର୍ଭରୁ?

ମହାପ୍ରଭୁ
ବହୁତ ଯୁଗର ବହୁ ବିଶ୍ୱାସର ମୃତ୍ୟୁ ପରେ ଆଜିର ମୃତ୍ୟୁରୁ
ଆପଣଙ୍କ ବିଶ୍ୱାସକୁ ଜୀବନ୍ୟାସ ଦେବା ପାଇଁ
ମୋର ଅବା ଶକ୍ତି କାହିଁ ?
ଗଙ୍ଗାର ନିର୍ଜନ ରାତି ମଶାଣିରୁ ଅନ୍ଧାରରେ କାଶବଣ ଝିଙ୍କାରୀ ଶବ୍ଦରେ
ଛାରଖାର ମୋ ରାଜ୍ୟର ଦୁର୍ଦ୍ଦିନର ଅନ୍ତ ଅବା କାହିଁ ?

ଆପଣ ଫେରିବେ କଣ ପୁଣି ନୂଆ କଳେବର ଧରି
ଆପଣଙ୍କ ରୂପ କଣ ଭୟଙ୍କର ଏ ନବ ଗୁଞ୍ଜର
ଉନ୍ମତ୍ତ ହାତୀର ଜଙ୍ଘ, ସିଂହ ଆଉ ମାର୍ଜାରର ଦେହ
କେଶର ବେଷ୍ଟିତ ମୁହଁ ଭୟଙ୍କର ମର୍କଟର
ସେ ଏଠୁ ବଢ଼ାଏ ଜଙ୍ଘ ଧୀରେ ଧୀରେ ଆଗକୁ ସାମ୍ନାକୁ

ଏ ଜନ୍ତୁର ଯାତ୍ରା ପ୍ରଭୁ ଭୟାବହ କେଉଁ ମୁକ୍ତି
ଭୟାବହ କେଉଁ ପାପ ମହା ନିର୍ବାଣକୁ ?
ବିଶ୍ୱାବସୁ ଶବରର ଘଞ୍ଚ ବଣ ଅନ୍ଧାର ଗୁହାରୁ
ଏତେ ଯୁଗ ଏତେ କ୍ଳାନ୍ତି ପଥଶ୍ରମ ପରେ
ମହାପ୍ରଭୁ
ପୁଣି ଏ ପୁନରାବୃତ୍ତି ପୁରାଣର କେଉଁ ଅଧ୍ୟାୟର ?

■

ସଞ୍ଜୟ ଓ ଧୃତରାଷ୍ଟ୍ର ସମ୍ବାଦ

"ମହାଶୟ
ଆପଣଙ୍କ ଶିକ୍ଷା ଅତି ଚମତ୍କାର
ଆପଣଙ୍କ ବକ୍ତୃତାର ଅକାଟ୍ୟ ଯୁକ୍ତିରେ
ମୋ ଦୃଷ୍ଟିରୁ ଧ୍ୱଂସ କରି ମୋହରୂପୀ ଅନ୍ଧାରର ଘୋର ପ୍ରହେଳିକା
ଆପଣ ଏ ଯେଉଁ ଶିକ୍ଷା ଦେଲେ ମତେ ମହା ଜ୍ଞାନାଲୋକ
ତାର ତୀବ୍ର ଦହନରେ ହାତମୁଠା ଟାଣ ମୋର ହୋଇ ଆସେ ବଜ୍ର ପରି
ମୋ ହୃଦୟ ଲୌହ ପିଣ୍ଡ ପରି
ମୋ ଧନୁର ତୀର ହୁଏ ତୀକ୍ଷ୍ଣରୁ ଆହୁରି ତୀକ୍ଷ୍ଣ
ମହାଶୟ
ବର୍ତ୍ତମାନ ମୁଁ ବୁଝୁଛି, ବନ୍ଧୁଜ୍ଞାତି ନରହତ୍ୟା ଧର୍ମ କ୍ଷତ୍ରିୟର
ଅନନ୍ତ ମୁକ୍ତିର ଦ୍ୱାର ଭେଦ କରି ଯିବା ପାଇଁ
ଏ ତ ମହା ଯୋଗର ସାଧନା।

ଯେହେତୁ ଆପଣ ମତେ ଶିକ୍ଷା ଦେଲେ
ମୋ ତୀରର ତୀକ୍ଷ୍ଣ ମୁନ ଭିତରେ ଆପଣ
ମୋ ଧନୁର ହୁଁକାରରେ ଆପଣଙ୍କ ଶଙ୍ଖ ଧ୍ୱନି
ଆପଣ ହିଁ ବିକଳାଙ୍ଗ ଆହତ ସୈନିକ
ମୋ ନିର୍ଦ୍ଦୟ ଅସୀଘାତ ଖୁଣ ଓ ରକ୍ତରେ
ଆପଣ କରିବେ ହତ୍ୟା ଆପଣଙ୍କୁ।

କିନ୍ତୁ ଆପଣଙ୍କୁ
ଶାସ୍ତ୍ର ଛିନ୍ନ କରେ ନାହିଁ

ଅଗ୍ନୀ କେବେ ଭସ୍ମ କରେ ନାହିଁ
ତେଣୁ ତ ଆସନ୍ନ ଏହି ଭୟାବହ ରକ୍ତପାତ ଅସୀଘାତ ଜନିତ ଯନ୍ତ୍ରଣା
ମିଥ୍ୟା ମାୟା, ମୋହ, ପ୍ରହେଳିକା
ସତ୍ୟ ସତ୍ୟ ଏକମାତ୍ର ସତ୍ୟ ହିଁ ଆପଣ
ମୋ ଘୋଡ଼ାର ହ୍ରେଷାରବ, ବିଧବାର କୋହ ଯନ୍ତ୍ରଣାରେ
ଅସହାୟ ଶିଶୁର କାନ୍ଦଣା ଅବା କବନ୍ଧ ନାଚରେ
ସତ୍ୟ ସତ୍ୟ ଏକ ମାତ୍ର ସତ୍ୟହିଁ ଆପଣ
ବନ୍ଧୁ ଜ୍ଞାତି ସହୋଦର, ମାତୁଳ, ପିତୃବ୍ୟ
ସମସ୍ତେ ଆପଣ ପୁଣି, ସମସ୍ତଙ୍କ ହତ୍ୟାରେ ଆପଣ।"

ମହାରାଜ
ଅର୍ଜ୍ଜୁନର ଏ ଉକ୍ତିରେ ଭଗବାନ କୃଷ୍ଣ ବାସୁଦେବ
ନିତ୍ୟାନ୍ତ ବିରକ୍ତ ହୋଇ ରଥ ଧୀରେ ମୁହାଁଇଲେ
କୁରୁ ସୈନ୍ୟ ବ୍ୟୂହ ଆଡ଼େ
ଅର୍ଜ୍ଜୁନ ମୁହଁରେ ହସ, ଚକ୍ଷୁ ତାର ଜ୍ୱଳନ୍ତ ଓ କୃତାନ୍ତ ନିଷ୍ଠୁର।

କିନ୍ତୁ ମହାରାଜ
ଏହି ଯୁଦ୍ଧ ବିଗ୍ରହର ଆରମ୍ଭରେ
କୃଷ୍ଣଙ୍କର ବକ୍ତୃତା ଓ ଉଦ୍‌ବୋଧନ, ପେପ୍‌ଟକ୍ ସତ୍ତ୍ୱେ
ସମାପ୍ତିର ସୂଚନା ତ ମୋ ଦୃଷ୍ଟିରେ ଦିଶେ ନାହିଁ.......
ଆପଣଙ୍କ ଦୃଷ୍ଟିହୀନ ପରିବ୍ୟାପ୍ତ ଅନ୍ଧକାର ତଳେ
ବୀର ଗାଥା ବୀର ଧର୍ମ ଜାଣିବାକୁ ଏ ଆଗ୍ରହ
ଅତି ସ୍ୱାଭାବିକ।

କିନ୍ତୁ ମହାରାଜ
ଦୂର ଦୂର ପ୍ରସାରିତ ମୋ ଦୃଷ୍ଟିର ଅନ୍ତହୀନ ଏହି ଦିଗ୍‌ବଳୟ
ବେଷ୍ଟିତ ଯନ୍ତ୍ରଣା କ୍ଷତ ଆହତ ଏ ରକ୍ତାକ୍ତ ପୃଥିବୀ
ବହୁ ଭୟ, ବହୁ କ୍ଷୟ ବିପ୍ଲବ ଓ ରକ୍ତପାତ ଡେଇଁ
ବହୁ ଶ୍ରମ, ବହୁ ଚେଷ୍ଟା, ବହୁ ଯୁଗ ଘାତ ପ୍ରତିଘାତ

ଶେଷରେ ବି ସେହି ଭୟ ସେହି ହତ୍ୟା ମଣିଷର ରକ୍ତାକ୍ତ ଯନ୍ତ୍ରଣା......
ଏମାନେ ସମସ୍ତେ
ରାଜା ପ୍ରଜା ସେନାପତି ସୈନ୍ୟ ଓ ସାମନ୍ତ
ବାରମ୍ବାର ଫେରୁଥିବେ ପୃଥିବୀକୁ
ଧର୍ମ ଜାତି ଦେଶ ଆଉ ଆଦର୍ଶ ଯୁକ୍ତିରେ
ବାରମ୍ବାର ପିତା ପୁତ୍ର ପିତୃବ୍ୟ ହତ୍ୟାରେ
ଜର୍ଜରିତ କୁରୁକ୍ଷେତ୍ର ଫେରୁଥିବ ପୃଥିବୀକୁ
ଅନ୍ତହୀନ ସମୟର ରୋଗଗ୍ରସ୍ତ ବିକୃତି ବ୍ୟାପ୍ତିରେ।

ତେଣୁ ମହାରାଜ
ସବୁ ଯୁକ୍ତି, ସବୁ ତର୍କ ବକ୍ତୃତା ଓ ଉଦ୍‌ବୋଧନ ପରେ
ମୁଁ ମୋଟେ ପାରେ ନା ବୁଝି ଭଗବାନ କୃଷ୍ଣ ବାସୁଦେବ
କୁରୁକ୍ଷେତ୍ର ପରି ବହୁ ବିଭିନ୍ନ କ୍ଷେତ୍ରରେ
କେତେ ଥର ? ....କାହିଁକିବା ?
କରୁଥିବେ ଆତ୍ମହତ୍ୟା ଏହିପରି
ଆପଣାକୁ ହତ୍ୟା ଏହିପରି ?

ଲ୍ୟାଣ୍ଡ୍ ସ୍କେପ୍

॥ ଏକ ॥

ଏତେ ବସ୍ ଟ୍ରକ୍ କାର୍
ବରାବର ଚାଲୁଥିଲା ବେଳେ
ଏ କୃଷ୍ଣଚୂଡ଼ାର ରଙ୍ଗ ଲାଲ୍ ଅବା
ରହନ୍ତା କେମିତି ?

ବିସ୍ମୃତ ବିଲୁପ୍ତ ଦୂର ଶତାବ୍ଦୀର କେଉଁ ମୁହୂର୍ତ୍ତରୁ
ସେ କେଉଁ ପ୍ରଥମ ରକ୍ତ ସଞ୍ଚାରରୁ
ଏ ନାଲି ରଙ୍ଗର ଯାତ୍ରା ଦୂରାନ୍ତର କେଉଁ ଅତୀତରୁ
ଆଜିର ଏ ଏପ୍ରିଲ୍ ଖରାକୁ ।

ଆଜି ଥୁଣ୍ଟା ପାହାଡ଼ର ରାସ୍ତା ଚଟାଣରେ
ବୈଶାଖ୍ୟ ଖରାର ଏତେ ନାଲି ଧୂଳି
କାର୍ ବସ୍ ଟ୍ରକ୍ ଜିପ୍ ଚକର ଧୂଳିରେ
ସ୍ପଞ୍ଜ୍ ଲୁହା କାରଖାନା ଚିମ୍ନୀର ଧୂଆଁରେ
ଏ କୃଷ୍ଣଚୂଡ଼ାର ରଙ୍ଗ ସତେ କହ ସତେ କହ
ସେତେ ଲାଲ୍ ରହନ୍ତା କେମିତି ?

ମୁଁ ତେଣୁ ଏ ଏକ୍ସପ୍ରେସ୍ ବସ୍ ଝରକାରୁ
ବୁଝିବାକୁ ଚେଷ୍ଟା କରେ
ମୋ କଳା ଚଷମା କାଚ ଏ ପାଖରୁ
ଏ ନାଲି ରଙ୍ଗର କଣ ସମସ୍ୟା ବା

ଏ କୃଷ୍ଣଚୂଡ଼ାର କଣ ଆଜିର ଚରିତ୍ର।

ପ୍ରସେସନ୍ ବସ୍‌ପୋଡ଼ି ଲାଠିଚାର୍ଯ୍ୟ ଗୁଳିକାଣ୍ଡ ପରେ
ସରକାରୀ ତଦନ୍ତର କମିସନ୍ ଟେବୁଲ୍ ସେପାଖେ
ଅବସରପ୍ରାପ୍ତ ବୁଢ଼ା ଚେଆର୍‌ମ୍ୟାନ୍ ମୋଟା ଚଷମାରେ
ଯେମିତି ଜଟିଳ ପ୍ରଶ୍ନ
ମୋ କଳା ଚଷମା ତଳେ ମୋର୍ ବି କଣ ସେହି ନିର୍ବୋଧତା!

ଏ କୃଷ୍ଣଚୂଡ଼ାର ନାଲି କେଉଁ ଲୁପ୍ତ ଆକାଶ ସତ୍ତାରୁ
ଆଜି ଆସି ଏ ରାସ୍ତାରେ
ଏତେ ବସ୍, ଟ୍ରକ୍, ଜିପ୍ ବରାବର ଚାଲୁଥିବା ବେଳେ
ତା ରଙ୍ଗ ବା ସେତେ ଲାଲ ରହନ୍ତା କେମିତି?

ଚରିତ୍ର ସଂହାର ପରେ ଏ ନାଲିର ଯାତ୍ରା ତେବେ
କହ କେଉଁଠାକୁ?
ଆସନ୍ନ ଦିଗନ୍ତ କେଉଁ, ମ୍ରିୟମାଣ ବିପର୍ଯ୍ୟସ୍ତ
ଅନିଶ୍ଚିତ ଛାରଖାର କେଉଁ ସୂର୍ଯ୍ୟାସ୍ତକୁ?

■

ଲ୍ୟାଣ୍ଡ୍ ସ୍କେପ୍

॥ ଦୁଇ ॥

ଆଷାଢ଼ର ଏହି ମେଘ ଧୂସରତା ଏ ଆକାଶ ନଷ୍ଟ ଏହି ପ୍ରସୂତିର ମୁହଁ
ନିଗାଡ଼ି ଦେହର ରକ୍ତ ମଥିତ ମାଂସର ଚେଷ୍ଟା ଯଦି ଆସେ ମୃତ ଶିଶୁ ତାର
ତା ହେଲେ ଉଲଗ୍ନ ରାତି ଦେହର ନିଷ୍ଠୁର ନିଆଁ ଦଳିତ ଦେହ ଓ ଆତ୍ମା
ମାଂସରୁ ରକ୍ତର କ୍ଷୟ, ପ୍ରାଣରୁ ଆତ୍ମାର
କ୍ଷତି ଓ ଯନ୍ତ୍ରଣା ଯେତେ, ତାର ଏହ ବ୍ୟର୍ଥତା ବା
ଏ ମେଘ ଏ ଧୂସରତା ମୃତ୍ୟୁ ଅବା କି ପାପର ମୁହଁ।

କୁମାରୀର ମାତୃତ୍ୱର ଲାଞ୍ଛନା ଓ ଭୟଧରି ଏ ଅନ୍ଧାର ଏକ ଅଭିଶାପ
ଏ ଆକାଶ ଜନ୍ମ ଦେବ ରାତିରେ ଝଡ଼ ବା ତାରା ? ଏ ସନ୍ଧ୍ୟାର ଧୂସର ଦେହରୁ
ମେଘରେ ମେଘରେ ସ୍ତବ୍ଧ, ବିବର୍ଣ୍ଣ କ୍ଳାନ୍ତ ଏ ମୁହଁ ଆଜି ଧରି କେଉଁ ମହାପାତ
ମୋ ସତ୍ତାର ତିକ୍ତତାରେ ଆଜି ଆସି ଛାଇଯାଏ
ମାତୃତ୍ୱର ବ୍ୟର୍ଥ ଚେଷ୍ଟା—ଏ ମେଘ ଏ ଧୂସରତା—ନଷ୍ଟ ଏହି ପ୍ରସୂତିର ମୁହଁ।

■

ଲ୍ୟାଣ୍ଡ୍ ସ୍କେପ୍

॥ ତିନି ॥

ନିର୍ଜନ ନିଃଶବ୍ଦ ଏହି ଦିପହର
ବହୁତ ଦୂରରୁ, ସ୍ତବ୍ଧ ମୂର୍ଚ୍ଛାହତ ଏ ଖରାର ମର୍ମଦାହ ଭେଦି
କାପ୍ତାର ନିର୍ଜନ ଡାକ
ନିଃଶବ୍ଦ ପାଣିର ସୁଅ ସଞ୍ଚାରରେ
ଏ ନିର୍ଜନ ଦିପହର ନିଃସଙ୍ଗ ଓ ଆହୁରି ନିର୍ଜନ

ମୋର ଜନ୍ମ ତାରିଖରୁ, ଶୈଶବ ଓ ଯୌବନରୁ
ଆଜିର ଏ ବୃଦ୍ଧାବସ୍ଥା ଯାଏ
ଏ ନିଃସଙ୍ଗ ନିର୍ଜନତା କ୍ରମେ କ୍ରମେ ଜମି ଜମି
ଆଜି ଯେବେ ପୁଞ୍ଜୀଭୂତ ଜମାଟ ନିଶ୍ଚଳ
ଏ ନିର୍ବାକ୍ ଦିପହର ସ୍ତବ୍ଧତାକୁ ପାରିହୋଇ
ବିଚ୍ୟୁତ ମୋ' ସମୟର କେଉଁ ଆକାଶରେ
ଏ ନିର୍ବାକ୍ ଗତି ମୋର କହ କେବେ ସ୍ଥିର ହେବ ..... ?

ଏ ଖରା ଏ ଦିପହର, କାପ୍ତାର ନିଃସଙ୍ଗ ଡାକ
ନିଶବ୍ଦ ସମୟ ଗତି
ନିର୍ଜନତା ନିଃସଙ୍ଗତା
କେଉଁ ପରସମାପ୍ତିରେ ?......
ନିରର୍ଥକ ମୋ ସତ୍ତାର କହ କେବେ ନିଃସଙ୍ଗ ମୃତ୍ୟୁରେ ?

ନିଦ

ଦେହରେ ରାତିର ଶାନ୍ତି ବିଛଣାରେ ଅନ୍ଧାର ନିଦ
ଅନ୍ଧାରର ନିଦ ରହେ ଏହି ଗଳି ରାସ୍ତା କୋଠା ବସ୍ ରିକ୍ସା ଦୋକାନକୁ ଘେରି
ଅପନ୍ତରା ଗହୀରର ଖଜୁରୀ ଓ କଣ୍ଟା ଗଛ ଘାସ କିଆବଣ
ଘୋଡ଼ାଇ ମୋ ବିଛଣାରେ ଅନ୍ଧାରର ନିଦ ଓ କୁହୁଡ଼ି।

ମୋ ଦେହରେ ରାତି ପାଉ ରୂପାନ୍ତର ତୃପ୍ତି ଆସୁ ତାରା ଆଲୁଅର
ପବନର ହାତ ଯାଉ ଆଉଁସି ନଈର ଧାର ଶିଉଳିର ଅବିନ୍ୟସ୍ତ ବାଳ
ଅନ୍ଧାର ଓ ବାଲିଚର କଣ୍ଟା ଘାସ ଘାରି
ବିଛଣାକୁ ନିଦ ଆସୁ ବୁଣି ବୁଣି ମଶୁରୀରେ ଆକାଶର ତାରା ଆଉ ତାରା।

ଏ ନିଦରେ ଜନ୍ମ ନାହିଁ ସ୍ୱପ୍ନ ନାହିଁ, ଗୀତ ନାହିଁ
ଟ୍ରକ୍ ବସ୍ କୋଠାଘର ସହରର ନିର୍ଜନ ରାତିରେ
ଏ ନିଦରେ ଅନ୍ଧାରର, ପବନର, ଫାଲ୍‌ଗୁନର ନିଭିଯିବା ନିଦ।

କ୍ରୀଶ୍ମାସ୍

ଶୀତର ଏ ସନ୍ଧ୍ୟା ଜମେ ଚାହାକପ୍ ପିଆଜୀ ବାସ୍ନାରେ
ଶୀତର ଏ ସନ୍ଧ୍ୟା ଜମେ ବଡ଼ଦିନ ଛୁଟିର କ୍ଳାନ୍ତିରେ
ବିଷଣ୍ଣ ଖରାର ଏହି ଉଦାସତା ଅନ୍ୟମନସ୍କତା
କେଉଁ ଅନୁଶୋଚନାର କୋହ ଆଣେ ଏ ନିର୍ଜନ ଶୀତର ସନ୍ଧ୍ୟାରେ !

କେଉଁ ଅନୁଶୋଚନାରୁ ଜନ୍ମ ତାର ? ସ୍ମୃତି ଆଜି ତା ଜନ୍ମଦିନର !
ଅସଂଖ୍ୟ ଯୁଗର କେତେ ଦିଗ୍‌ବଳୟ .....କେତେ ମରୁଭୂମି
ବରଫ କାନ୍ତାର ଡେଇଁ ପାରି ହୋଇ ଅସଂଖ୍ୟ ସମୁଦ୍ର
ଏ ସନ୍ଧ୍ୟାରେ ସ୍ମୃତି ଆସେ କେଉଁ ମରୁ ପ୍ରାନ୍ତରରୁ
ଆଜି ତାର ଜନ୍ମ ତାରିଖର ?

ଜନ୍ମରୁ ତ ଯାତ୍ରା ତାର ଛୋଟ ଏକ ସହରର ସଂକୀର୍ଣ୍ଣ ଗଳିରୁ
ବ୍ୟଥିତ ମଥିତ ତିକ୍ତ ମଣିଷର ଅନ୍ତରାତ୍ମା ତଳେ
ତା ରକ୍ତ କ୍ଷତର ସ୍ନେହ
ଆଣିଥିବା ଆଶା କେତେ, ଶକ୍ତି କେତେ
ଜୀବନ ଓ ମୃତ୍ୟୁରେ ବିଶ୍ୱାସ.....
ତା ଛାଇର ପାଦ ଶବ୍ଦ ପ୍ରାଚୀନ ସେ ସହରରୁ
ଆଜିର ଏ ସହର ରାସ୍ତାରେ
ଏ ସନ୍ଧ୍ୟାରେ ଶୁଭେ କଣ ? ତୀବ୍ରରୁ ଆହୁରି ତୀବ୍ର
ଆଜିର ଏ ସମୟର ପୁଞ୍ଜିଭୂତ ଅନୁଶୋଚନାରେ ?

ବିଷଣ୍ଣ ଖରାର ଏହି ଉଦାସ ଓ ଅନ୍ୟମନସ୍କତା
ଟ୍ରାଫିକ୍ ସାଇନ୍ ପରି
ବଢ଼ାଏ ବା ହାତ ତାର
ନିଶାର୍ଦ୍ଧର ସେ ନିର୍ଜନ ପହର ଆଡ଼କୁ
ଯେତେବେଳେ ସହରର ଆକାଶରେ ସଂଖ୍ୟାହୀନ ଥଣ୍ଡା ତାରା ସବୁ
ଦେଖୁଥିବେ ଚୁପ୍‌ଚାପ୍
ସିମେଣ୍ଟ୍‌ର କ୍ରସ୍ ଘେରି
ଯୁଗରୁ ବହୁତ ଯୁଗ
ସେ ରକ୍ତାକ୍ତ ମୃତ୍ୟୁ ପରେ
ସମୟର ପୁଞ୍ଜିଭୂତ ବେଦନା ଓ ବ୍ୟର୍ଥତାର
ଅନୁଶୋଚନାକୁ ।

■

ଜନ୍ମଦିନ

ହାତ ରହେ ଚୁପ୍‌ଚାପ୍ ଟେବୁଲ୍, ଡେକ୍‌ସ, ପକେଟ ଭିତରେ
ଗୀତ ଯାଏ ଚୁପ୍ ହୋଇ ରେଡ଼ିଓରେ, କ୍ୟାସେଟ୍‌ରେ
ସାଂପ୍ରତିକ ସାହିତ୍ୟ ସଭାରେ
ଯେତେବେଳେ ବନ୍ଦ ସବୁ ସ୍କୁଲ୍, କଲେଜ ଅଫିସ କଚିରୀ
କାର ଜନ୍ମ ତାରିଖର ଛାଇପଡ଼େ ଆମର ଏ ସହରର ନିଶ୍ଚଳ ମୁହଁରେ ?

ଚଢ଼ି ଚଢ଼ି ସମୟର ପାଚିରୀ ଓ ଅସଂଖ୍ୟ ପାହାଚ
ଶିଉଳି ଓ କଣ୍ଟାବାଡ଼ ପାରି ହୋଇ
ଆମେ ଯଦି ଆସି ଆଜି ଫାଇଭଷ୍ଟାର୍ ହୋଟେଲ୍ ରାସ୍ତାରେ
ସ୍ୱାଭାବିକ ଭୁଲିଯିବା ସେଦିନର ରକ୍ତାକ୍ତ ଆକାଶ
ପ୍ରଥମ ପାହାଚ ଚଢ଼ି ଉଠିବାର ନିଷ୍ଠୁର ଯନ୍ତ୍ରଣା

ଆମର ନିଶବ୍ଦ ରାତି ଆଣୁଥିବ ଆମପାଇଁ ଅନ୍ଧାରରୁ ଆହୁରି ଅନ୍ଧାର
ଆମର ନିଃସଙ୍ଗ ସନ୍ଧ୍ୟା ଆଣୁଥିବ ସୂର୍ଯ୍ୟାସ୍ତରୁ ଅକଥିତ ଭୟ
ଅକ୍ଟୋବର ଆକାଶରୁ ଆସୁଥିବ ପ୍ରତିବର୍ଷ
ଛିନ୍ନ ସ୍ମୃତି ସେ ଶିଶୁର
ତା ହତ୍ୟାର ଗୁଳିର ଆବାଜ୍।
ଆଜି ପୁଣି ବର୍ଷେ ପରେ ଏ ସହର ମୁହଁ ଢାଙ୍କି ଛାଇ ତାର ଜନ୍ମ ତାରିଖର।

ଏମରଜେନ୍‌ସି

।। ଏକ ।।

ହେନା ଫୁଲ ବାସ୍ନାରେ ବେହୋସ ରାତିର ଜହ୍ନ
ଅନିଦ୍ରାର ଟେବୁଲ୍ ଲ୍ୟାମ୍ପ୍ ଫିକା ବଲ୍‌ବ ପରି
ନିଶାଖୋର ଦୋସ୍ତ ମୋର ରମ୍ ବୋତଲ ସରିଗଲା ପରେ
ମାତାଲ୍ ନିଶାର ହସ ଯେତେବେଳେ ଚୁପ୍ ହବ
ଜହ୍ନ ଯେବେ ଜଣାଯିବ ଭୋଲ୍‌ଟେଜ୍ କମିଗଲା ପରି,
ସେତେବେଳେ କେଉଁ ଯୁକ୍ତି, କେଉଁ ଇଜିମ୍, କେଉଁ କୋଟେସନ୍
ତୋ ନିଃସଙ୍ଗ ବାଟ ପାଇଁ ଆଣି ଦେବ ଖୋରାକ୍ ବା
କେଉଁ ଆଶା, କେଉଁ ଡାକଘରର ଠିକଣା ?

ନିଶାଖୋର ଦୋସ୍ତ୍ ମୋର ତୋ ଆଖିର କଳା ପଦ୍ମଫୁଲ
କେଶର, ପାଖୁଡ଼ା ଡେମ୍ଫ ଛିଣ୍ଡି ସଢ଼ିଗଲା ପରେ
ଜହ୍ନ ମାଛି ବେଢ଼ିଗଲେ ଆମେ ତୋର ଦୋସ୍ତମାନେ
କେଉଁ ଗ୍ରୀକ୍ ନାଟକର କେଉଁ କୋରସ୍‌ରୁ
ଜୀବନର ଜ୍ୱାଳା ଆଣି ତୋ କୋକେଇ କଫିନ୍‌ରେ
ଦେବୁ କହ କାର ବ୍ୟାଖ୍ୟା ? ପ୍ରବଚନ ? କାହାର ତର୍ଜମା ?

ନିଶାଖୋର ଦୋସ୍ତ ମୋର ଲାଲ୍ ଲାଲ୍ ଆଖି ତୋର
ତୋ ହସର ଭାଣ୍ଡାମି ଭିତରେ
ହେନା ଫୁଲ ବାସ୍ନାର ଏହି ଜହ୍ନ, ଏହି ତାରା ରବିବାର ରାତି
କ୍ଷୟ ହୋଇ ଗଲା ପରେ କାଲିଠୁ ଅପେକ୍ଷା ତୋର
ସପ୍ତାହ ସପ୍ତାହ ଡେଇଁ ରୁଟିନ୍‌ର କେଉଁ ଉପାନ୍ତକୁ ?
ତୋ ଅପେକ୍ଷା କହ କେଉଁ ଦୁଷ୍ଟ ଅପଦେବତାର
ଅଭିଶପ୍ତ ତୋ ଦେଶରେ ତୋ ଆତ୍ମାର ତ୍ରାହି ଅବା ଅପମୃତ୍ୟୁ ପାଇଁ ?

ଏମର୍‌ଜେନ୍‌ସି

॥ ଦୁଇ ॥

ପାଚିରୀର ପଷ୍ଟର୍ ମ୍ୟାଗାଜିନ୍, ବହି ମଲାଟରେ
ସେ ଆଖି ଅନାଇଁ ରହେ...........
ରାସ୍ତାରେ
ରେସ୍ତରାଁ, ବହି ଷ୍ଟଲ୍, ଚା ଦୋକାନରେ
ସହରର କାର୍ ସ୍କୁଟର,
ସଭାରେ କ୍ଲବ୍‌ରେ
ଡାକଘର, ଡାକ୍ତରଖାନାରେ
ଉଦ୍ୟତ ସେ ଆଖିତଳୁ
ଅତର୍କିତ, ସେ ମୁହଁର ହସ ଆସି ଧକ୍‌କା ଖାଏ
ଅସହାୟ ମୋ ମନର ନିରୁପାୟ ତ୍ରସ୍ତ ଚେତନାରେ

ପୁରୁଣା ଖଦିରେ ମୋର ଯେତେ ଧୂଳି ଅପରିଚ୍ଛନ୍ନତା
ପୁରୁଣା ସ୍ୱପ୍ନରେ ମୋର ଅସମ୍ପୂର୍ଣ୍ଣ ଯେତେ କଥା ଗୀତ ଓ କବିତା
ଏ ଯାତ୍ରାର ଆରମ୍ଭରୁ ଯେତେ ଦୁଃଖ ଯେତେ ସ୍ଲୋଗାନ୍।
ପ୍ରସେସନ୍ ଯେତେ ହାତକଡ଼ି
ସବୁତ ବରଫ ପରି ଥଣ୍ଡା ଓ ଜମାଟ ବାନ୍ଧେ
ସେ ମୁହଁର ପଷ୍ଟର
ସେ ଆଖି, ସେ ଲାଲ ଓଠ
ସେ ସିଲ୍‌କ, ସେ ଚେହେରାର
ଭୟାବହ ଆବିର୍ଭାବ, ଗ୍ରାମ ସହର ବ୍ୟାପି
ସୂର୍ଯ୍ୟୋଦୟ ସୂର୍ଯ୍ୟାସ୍ତ ଭିତରେ
ମୋ ସତ୍ତାକୁ କ୍ରମେ ଗ୍ରାସ କରେ
ସେ ସତ୍ତାର ଲଜ୍ଜାହୀନ ନିରଙ୍କୁଶ କୋଉ, ଭୋକ ଅଶ୍ଳୀଳ ନଗ୍ନତା।

ଗୋଟିଏ ମୃତ୍ୟୁର ପରେ ପରେ

॥ ଏକ ॥

ସକାଳର କାଗଜରେ ସେହି ମୁହଁ
ପ୍ରଥମ ଗରମ୍ ଚା କପ୍‌ର ଧୂଆଁରେ
ସେ ଚେହେରା
ନିର୍ଜନ ରାତିର ସ୍ତବ୍‌ଧ ସୀମାନ୍ତରେ
ସେ ଚେହେରା.......।

ହିନ୍ଦିରେ ବା ଇଂରାଜୀରେ
ନିଦ ଅବା ଚେତନାରେ
ସେହି ସ୍ୱର,
ଓତପ୍ରୋତ ନିରନ୍ତର
ସେହି ପ୍ରତିଧ୍ୱନି

ଅଫିସ୍ ବଜାର, ସ୍କୁଲ୍ କଚିରୀରେ
ଦୋକାନରେ, ରାସ୍ତାରେ
ଯୁକ୍ତିତର୍କ, ହାତାହାତି, ସଭା ବକ୍ତୃତାରେ
ସେ ଚେହେରା ସେହି ମୁହଁ
ହିନ୍ଦି ଅବା ଇଂରାଜୀରେ ସେହି ସ୍ୱର
ଓତପ୍ରୋତ ନିରନ୍ତର ଏକ ପ୍ରତିଧ୍ୱନି
ନିଷ୍ଠୁର ଶୀତର ଥଣ୍ଡା ଆକ୍ରୋଶରେ
ସମୟର ଏ ମୁହୂର୍ତ୍ତ ସ୍ଥିର ମିନିଟରେ
ତଥାପି ସେ ପ୍ରତିଧ୍ୱନି
ଓତପ୍ରୋତ ନିରନ୍ତର........

ଅକସ୍ମାତ୍ ଆଜି କିନ୍ତୁ ଭୟଭୀତ ସମୟ ଦେହରେ
ଏ ମୃତ୍ୟୁ ବା କାହା ପାଇଁ ? ଭୟାବହ ଏ କି ନିର୍ଜନତା ?

ଗୋଟିଏ ମୃତ୍ୟୁର ପରେ ପରେ

॥ ଦୁଇ ॥

"ସେ ଆତ୍ମାର ମୃତ୍ୟୁ ନାହିଁ"
ଟେଲିଭିଜନ୍, ରେଡ଼ିଓରେ, ଖବରକାଗଜ ପୃଷ୍ଠା
ବକ୍ତୃତାରେ ଶୋକ ପ୍ରସ୍ତାବରେ
"ସେ ଆତ୍ମାର ମୃତ୍ୟୁ ନାହିଁ"

ସେ ଦେହର ମୃତ୍ୟୁ କିନ୍ତୁ ଏତେ ସତ୍ୟ ନିଷ୍ଠୁର ବାସ୍ତବ

ଚନ୍ଦନ କାଠର ନିଆଁ ଜଳିଯାଏ ଜଳିଯାଏ
ତୁମ ଆଖି ସାମ୍ନାରେ ଜଳିଯାଏ ସିଲ୍କ ପରି ଅଧାକଳା ଅଧାଧଳା ବାଳ
ସେ ଯେଉଁ ଓଠର ହସ
ଆଜିଯାଏ ବହୁ ମୁହଁ ବହୁ ଲୁହ
ବହୁ ଈର୍ଷା ଆକ୍ରୋଶକୁ ଘାରି
ଆସିଥିଲା ଆଜି ଯାଏ
ଋତୁ ପରେ ଋତୁର ଉନ୍ମେଷ ପରି
ସେ ହସ ତ ପୋଡ଼ିଯାଏ, ଜଳିଯାଏ
ସେହି ଓଠ, ସେହି ଆଖି, ସେ ଭୂଲତା, ସେ ଚିବୁକ
ଜଳିଯାଏ ଜଳିଯାଏ ପାଉଁଶ ଅଙ୍ଗାର ହୋଇ
ସେ ହାତ ପାପୁଲିର ନଖ
ସେ ସତ୍ତାର ସଙ୍ଗୀତ ଓ ସେ ସତ୍ତାର ସବୁ ବାସ୍ତବତା।

"ସେ ଆତ୍ମାର ମୃତ୍ୟୁ ନାହିଁ"
ପାହାଡ଼ର କୁହୁଡ଼ିରେ
ପାହାଡ଼ର ବରଫ ଉପରେ
ସହରର ଟ୍ରାମ୍ ବସ୍ ଭିଡ଼ ପାରି ହୋଇ
ସେ ଆତ୍ମା ଫେରିବ କଣ
ଆମର ଏ ଏରୋଡ୍ରମ ପଡ଼ିଆକୁ

ଅକସ୍ମାତ ଝାପ୍‌ସା କାର ଚାଲିଯିବା ପଛ ଲାଇଟ୍ ନାଲି ସଙ୍କେତରେ
ସେ ଆତ୍ମା ଫେରିବ କଣ
ଏହି ଭିଡ଼, ଏହା ସଭା, ଏହି ନେତା
ଏ ସଂଖ୍ୟାଗରିଷ୍ଠ ଦଳ ଅବା ଏହି ବିରୋଧୀଦଳକୁ ?

ଅଜସ୍ର ସମୁଦ୍ର ଢେଉ ବିକ୍ଷୋଭିତ ବିପ୍ଳବର ଏ ଅଶାନ୍ତ ଗତି
ସେ ହତ୍ୟାର ବାସ୍ତବତା ତା ଭିତରେ ।
ଏ ଅଶାନ୍ତ ଆକାଶରେ ସୂର୍ଯ୍ୟାସ୍ତର ଦେହ
ତା ରକ୍ତାକ୍ତ ମୃତ୍ୟୁ ନେଇ ଫେରୁଥିବ ଚିରନ୍ତନ
ବହ୍ନୁ କ୍ରୋଧ ଆକ୍ରୋଶର ହିଂସ୍ର ବହ୍ନି
ହିଂସ୍ର ସଂହାରକୁ ।
"ସେ ଆତ୍ମାର ମୃତ୍ୟୁ ନାହିଁ"
ସେ ଦେହ ମୃତ୍ୟୁର ଏହି ଭୟଙ୍କର ବାସ୍ତବତା ପରେ
ଶୂନ୍ୟ ସତ୍ତା, ଶୂନ୍ୟ ଗୃହ............
ଆମର ସତ୍ତାର ଏହି ଜନ୍ମଗତ ଶୂନ୍ୟତା ଭିତରେ
"ମୃତ୍ୟୁହୀନ" ସେ ସତ୍ତାର ସ୍ମୃତି ଛଡ଼ା ସାହଚର୍ଯ୍ୟ ସାନ୍ତ୍ୱନା ବା କାହିଁ ?

■

ଫେରନ୍ତା ବାଟର ପକ୍ଷୀ

ଫେରନ୍ତା ବାଟର ପକ୍ଷୀ
ତୋ ଆଖିରେ ସୂର୍ଯ୍ୟାସ୍ତର ବିବର୍ଣ୍ଣ ଆକାଶ
ତୋ ଡେଣାରେ ଆଚ୍ଛନ୍ନତା ସଞ୍ଚାରିତ ରାତିର ଅନ୍ଧାର
ତୋ କଣ୍ଠରେ ଗୀତ ନାହିଁ, ତୋ ଥଣ୍ଟର ନୀରବତା ତଳେ
ଭୋକ ନାହିଁ, ତୃଷ୍ଣା ନାହିଁ ....ଅନ୍ତସାର ଶୂନ୍ୟ ସବୁ ଶୋଷର ସମାପ୍ତି
ଫେରନ୍ତା ବାଟର ପକ୍ଷୀ
ତୋ ଡେଣାରେ ଫେରିବାର କ୍ଳାନ୍ତି ଛଡ଼ା ଅନ୍ୟ କିଛି ନାହିଁ।

ତୋ ଦେହର ଛାଇତଳେ ଢେଉ ଖେଳେ କାଶତଣ୍ଡି ଘାସ
ତୋ ଡେଣାର ନିଶବ୍ଦଟା ବାରି ବାରି ନିର୍ଜନ ପଠାରେ
ପବନ ହଠାତ୍ ରହେ ସ୍ଥିର ହୋଇ—ବିଚ୍ଛିନ୍ନ ସୁଅରେ
ଛାଇ ଖେଳେ ତୋ ଆଖିର ଅସରନ୍ତି ନିଃଶବ୍ଦ ଆକାଶ

ଫେରନ୍ତା ବାଟର ପକ୍ଷୀ ତ
ତୋ ବାଟ ତ ଛାୟାଛନ୍ନ ଆକାଶର ଆସନ୍ନ ଅନ୍ଧାର
ତୋ ବାଟ ତ ସମାପ୍ତିର ନିଃସଙ୍ଗତା ସମାପ୍ତର ନିଃସଙ୍ଗ ନିଶ୍ୱାସ

ନିଶ୍ଚିନ୍ତକୋଇଲି

କୋଇଲି ଗାଏକି ନାହିଁ ସେ ଗାଆଁ ରେ—ସେଠି କିନ୍ତୁ
ଧାନକ୍ଷେତ ଧାନକ୍ଷେତ ଅପର୍ଯ୍ୟାପ୍ତ ସବୁଜ ସବୁଜ
ଆମ୍ବ ବେଲ ପଣସର ନିଘଞ୍ଚ ତୋଟାରେ
ଦିପହର ନିଦ ଘୋର ଗାଢ଼ ନିଶ୍ଚଳ ନିବୁଜ
ପତ୍ର ଡାଳ ଗହଳର କୋରଡ଼ରେ ଅନ୍ଧାର ଭିତରେ
କୋଇଲି ବି ନିଶ୍ଚିନ୍ତ ନିଖୋଜ।

ବସ୍ ସେଠି ଛିଡ଼ାହେଲା। କଣ୍ଡକ୍ଟର "ନିଶ୍ଚିନ୍ତକୋଇଲି"
କେହି ତ ଚଢ଼ିଲେ ନାହିଁ କେହିବି ତ ଓହ୍ଲାଇଲେ ନାହିଁ
ଚୁପ୍ ଚାପ୍ ଚାରିଆଡ଼ ଡ୍ରାଇଭର୍ ଖଣ୍ଡିକାଶ ଛଡ଼ା
ନିଦରେ ନିଦରେ ସବୁ ଚୁପ୍‌ଚାପ୍
ସିଲେଇ ମେସିନ୍ ଚକ, ଚା ଦୋକାନ କେଟ୍‌ଲିର ଧୂଆଁ
ଚା ବାଲା ଆଖିପତା
ସେଦିନ ସେ ଦିପହର.... ବସ୍ ସେଠି ଛିଡ଼ାହେଲା ବେଳେ
ଆକାଶ ପୃଥିବୀ ସବୁ ବିଲ୍‌କୁଲ୍ ନିଦରେ ନିସ୍ତେଜ।

କୋଇଲି ନିଶ୍ଚିନ୍ତ ବୋଧେ ସବୁଦିନ ଶୋଇଥାଏ
ସେ ଗାଆଁର ଗହଳ ତୋଟାରେ
ସେଠି ଧାନ କ୍ଷେତ ଘାରି ବାଦଲ୍ ବି ଶୋଇପଡ଼େ
ସେଠି ଆସେ ଆଷାଢ଼ ଫାଲ୍‌ଗୁନ
ପୃଥିବୀ ଓ ଆକାଶରେ ସେ ପୋଷାକ ରଙ୍ଗ କ'ଣ ?
କେଉଁ ଷ୍ଟାଇଲ୍ କେଉଁ ଫେସନ୍‌ର ?

ସହଯାତ୍ରୀ ବନ୍ଧୁ ମୋର
ତୁମ ଆଖି ନିଶ୍ଚଳ ପତାରୁ
ଚାମୁଚ ଚାମୁଚ ନିଦ କାଢ଼ି ଆଣି ମୋ ଆଖିପତାରେ
ଆସ୍ତେ ଆସ୍ତେ ଢାଳି ଢାଳି
ଦି ପହର ବିଭୋର ନିଦରେ
ମୁଁ ତୁମକୁ ଭଲପାଏ — ଭଲପାଏ
ତୁମର ଓ କୋଇଲିର ନିଶ୍ଚିନ୍ତ ନିଦର ଦେଶ
ନିଶ୍ଚିନ୍ତ କୋଇଲି ଡେଇଁ ଓଡ଼ିଶାର ସୀମା ପାରି ହୋଇ
ବରଫ ଓ ମରୁଭୂମି, ଗାଁ ଘାଟି ଜଙ୍ଗଲର ସହରର
ସବୁ ନଈ ପର୍ବତର ସମୁଦ୍ରର ତୁମର ଆଖିର ବ୍ୟାପ୍ତି
ତୁମର ଓ ମୋର ଏହ ପରିବ୍ୟାପ୍ତ ଏ ଦେଶର
ଏଠି ବସ୍ ଛିଡ଼ା ହେବା ମୁହୂର୍ତ୍ତର ସୁନ୍ଦର ଆକାଶ।

ନିଶ୍ଚିନ୍ତକୋଇଲି- ତିରିଶ ବର୍ଷପରେ

କୋଇଲିର ମୃତ୍ୟୁ ପରେ ବଜାରରେ ବହୁତ ଦୋକାନ
ରାସ୍ତାରେ ବି ଲୋକ ଭିଡ଼, ବ୍ୟବସାୟ, କାର୍ ଟ୍ରକ୍ ବସ୍ ବି ବହୁତ
ଧାନ କ୍ଷେତ ଝୋଟ ବଣ କୋଇଲିର ମୃତ୍ୟୁର ସ୍ମୃତିରେ
ଦେଖାଯାଏ ବିପର୍ଯ୍ୟସ୍ତ ଧୂସର ବିକ୍ଷତ।

କୋଇଲିର ମୃତ୍ୟୁ ପରେ ରାଜାଙ୍କର ସୈନ୍ୟ ପ୍ରତିହାରି
ଦିଗ୍‌ବଳୟ ପାରି ହୋଇ କେବେଠୁ ଗଲେଣି ଚାଲି
ବଜାରର ଦୋକାନ ଭିତରେ
ରେଡ଼ିଓରେ ଗୀତ ବାଜେ ଇଲେକ୍‌ସନ୍ ସ୍ଲୋଗାନ୍ ସବୁଠି
ଆଜିକାଲି ଏଠି ଯେବେ ବସ୍ ଆସି ଧୀରେ ଛିଡ଼ା ହୁଏ
ବସ୍‌ଯାତ୍ରୀ ବନ୍ଧୁ ମୋର କୋଇଲିର ନିଖୋଜ ସ୍ମୃତିରେ
ଏ ମୋର ଓଡ଼ିଆ ମନ ଉଦାସ ବ୍ୟଥିତ ଖୋଜେ
ଦୋକାନ ଭିତରେ ମିଶି ହଜି ନିଭି ଯାଇଥିବା
ତା ଆକାଶ ତା ପୃଥିବୀ ତାର ନିଜ ଦେଶର ଠିକଣା।

ମାର୍ଶାଘାଇ

ଏଠିତ ସକାଳ ଆସେ ହଳଦିବସନ୍ତ ପରି
କାକର ଓ ଖରା ଛୁଇଁ ଘାସରେ ପତ୍ରରେ
ସକାଳ ଖରା ତ ଏଠି ନାଲି ହାତ ପାପୁଲିରେ
କୁହୁଡ଼ି ଆଡ଼େଇ ଯାଏ ଆମ୍ବତୋଟା ଖଜୁରି ଗଛରୁ
ଆର ପାଖେ ଏ ଗାଆଁର ରାଜନୀତି ଧାନକଳ
ବ୍ୟବସାୟ ଚାଲୁଥିବାବେଳେ
ଏ ପାଖେ କେନାଲ୍ ପାଣି ଛାତିରେ ତା ଚାପି ଧରେ
ଖରା ଆଉ କୁହୁଡ଼ିର ନରମ ଦେହର ସ୍ନେହ
ଆକାଶର ନେଳି ଆଖି ଚାହାଣିରେ
ଛାଇ ଯେତେ ଭଲପାଇବାର ।

ଏଠିତ ତୁଳିରୁ ରଙ୍ଗ କେବେହେଲେ ସରେ ନାହିଁ
ଧୂସର ପାଉଁଶ ରଙ୍ଗ ଆଷାଢ଼ ମେଘର
ଶରତ ବାଦଲ୍ ଯାଏ ଧାନକ୍ଷେତ ଲହରୀରେ
ଇତସ୍ତତଃ ଛାଇ ଢାଳି ମିଶି ମିଶି ଆକାଶ ନୀଳରେ
ଏଠିତ ଫାଲ୍‌ଗୁନ ଆଣେ କଣ୍ଟାଫୁଲ ଅରମାରେ
ଆସନ୍ନ ଖରାର ତାତି
ଆସନ୍ନ ଖରାର ନିଦ ଥୁଣ୍ଟାବିଲ ବାଦାମି ଦେହରେ ।
ଏଠିତ କେନାଲ୍ ପାଣି ହଳଦିଆ ରିବନ୍‌ରେ
ସନ୍ଧ୍ୟା ଆସେ ଛାଟି ଛାଟି ନାଲି କାଳି
ଟାଣି ଟାଣି ଗାଢ଼କଳା ପେନ୍‌ସିଲ୍ ଦାଗ

ଏଠିତ ମାଟିର ଭାଷା ଚୁପ୍ କେବେ ହୁଏ ନାହିଁ
ଶୀତ ରାତି ଅନ୍ଧାରରେ କାକରର କଥା କେତେ
କନିଅର ସଜ ପାଖୁଡ଼ାରେ
ଝିଙ୍କାରିର ଝିକ୍ ଝିକ୍ ଜିଦ୍‌ଖୋର ଦୁଷ୍ଟ ପିଲା ପରି
ରାତିକୁ ଅନିଦ୍ରା ରଖେ ଥୁଣ୍ଟାବିଲ ଗୁଗୁଚିଆ ଘାସ ଅରମାରେ ।

ପତ୍ରଝଡ଼ା ଚଇତ୍ରର ନିର୍ଜନ ରାତିର କଥା
ଟେଣ୍ଟେଇ ପକ୍ଷୀର ଡାକ
ବାଦୁଡ଼ି ଡେଣାର ଝାପ୍‌ଟା
ଜହ୍ନ ତାରା ଆକାଶରୁ ମିଶେ ଆସି ମୋ ଆଖିର ନିଶବ୍ଦ ନିଦରେ।

ମୋ ଶୁପ୍ତି ଓ ଚେତନାର ନିର୍ବାକ୍ ସମୟ ଘାରି
ଆଜି ଏଠି ପୃଥିବୀର ଏତେ ବେଶୀ ଅହେତୁକ ସ୍ନେହ
କେଉଁ ମାର୍ଶ ସାହେବର* ବିଗତ ସ୍ମୃତିରୁ ଆସି
ଏତେ ରଙ୍ଗ, ଏତେ ଗୀତ
ପାଣି ପଙ୍କ ଅରମାରେ ଏତେ ଘାସ, ଏତେ କଣ୍ଟାଫୁଲ
ମୋର ସନ୍ଧ୍ୟା ସକାଳର ଦିପହର ନିଃସଙ୍ଗ ରାତିର
ମୁମୂର୍ଷୁ ଚେତନା ଛୁଇଁ ଜୀର୍ଣ୍ଣ କ୍ଲାନ୍ତ ମୋ ଅନୁଭବରେ
ଏ ପୃଥିବୀ ଚେଇଁ ଉଠେ ଜୀବନର ଭଲପାଇବାରେ
ଏ କ୍ଷତି ପୂରଣ କଣ ମୋର ନଷ୍ଟ ଚେତନାର
ତିକ୍ତତା ଓ ଅନ୍ତର୍ଦାହ ପାଇଁ ?

ପୃଥିବୀ ସୁନ୍ଦର ଏଠି। ଦେହତ ନିର୍ଯାସ ତାର
ମନ ଏଠି ନୀଳ ନୀଳ ନିର୍ଜନ ଆକାଶ
ମୁଁ ଭଲପାଇଚି ତେଣୁ କେନାଲ୍‌ର କୂଳେ କୂଳେ
ଘାସ ଆଉ ଧାନକ୍ଷେତ, ମାଛରଙ୍କା ଶଙ୍ଖଚିଲ
ପାଣି ପଙ୍କ କଣ୍ଟା ଫୁଲ
ଖଜୁରୀ ତାଳର ଡାହି ଛୁଇଁ ଛୁଇଁ ଫେରୁଥିବା
ପବନର ଅନାସକ୍ତ ସ୍ନେହ ଓ ନିଶ୍ୱାସ।

---

* କିମ୍ବଦନ୍ତୀ ଅଛି ଯେ ମାର୍ଶ ନାମକ ଜଣେ ଇଂରେଜ ଇଷ୍ଟଇଣ୍ଡିଆ କମ୍ପାନୀ ସହିତ ଆସି ଗୋଟିଏ କେନାଲ୍ ଖୋଳାଇଥିଲେ। କେନାଲ ସରିବା ପରେ ତାଙ୍କୁ ଆଉ ଦେଖିବାକୁ ମିଳି ନ ଥିଲା।

ମାର୍ଶ ସାହେବର କ୍ରିସ୍‌ମାସ୍

Marsh you fool of an Englishman
ତୋ ଛାଇ ତ ମିଶିଗଲା
ଲୁଣା ନଈ ମୁହାଣର ଲୁଣି ପାଣି ଜୁଆର ଫେଣରେ
ମାଛରଙ୍କା ଚଢ଼େଇର ଛାଇ ପରି ସେଦିନର ସନ୍ଧ୍ୟାର ଛାଇରେ

ସେଦିନଠୁ ଶୀତ କିନ୍ତୁ ଫେରି ଆସେ ପ୍ରତିବର୍ଷ
ବଡ଼ଦିନ ରାତି
ମୁହାଣର ବାଲିଚର ତାଳବଣ ହେନ୍ତାଳର ଅପନ୍ତରା ଡେଇଁ
ଉତ୍ତରା ପବନ ଆସେ ଧାନର ମହକ ଧରି କୁହୁଡ଼ି ସହିତ
ଅନ୍ୟ ସେହି ଲୋକଟିର ସ୍ମୃତିର ସଙ୍କେତ ଆଣି
ଥଣ୍ଡା ରାତି ଜହ୍ନ ଆଲୁଅରେ।

ତୋ ଜାହାଜ ତଟେ ଛାଡ଼ି ସେଦନର ସୂର୍ଯ୍ୟାସ୍ତରେ ନିଭିଗଲା ପରେ
ତୁ ଏଠିକି ଫେରି ଆସୁ ଛାଇ ହୋଇ ପ୍ରତିବର୍ଷ।
ତୋ ଛାଇ ଜମାଟ ବାନ୍ଧେ ଯୁଣ ଛକ ଅନ୍ଧାରରେ ଆଜିଯାଏ
ସେ ଦିନଠୁ ଛିଡ଼ା ହୋଇ ରହିଥିବା ବରଗଛ ପତ୍ର ଓହଳରେ।

ଏଠି ବର୍ଷ ଗୋଟାକର ତୋଫାନ ପବନ
ଖରାଦିନ କୃଷ୍ଣଚୂଡ଼ା ହେମନ୍ତର ପ୍ରଥମ କୁହୁଡ଼ି
ଚଇତ୍ରର ଝଡ଼ା ପତ୍ର—ସବୁଜ ସବୁଜ କ୍ଷେତ ଶରତ ଋତୁର
ସମସ୍ତଙ୍କ ଅପେକ୍ଷା ତ ବର୍ଷଯାକ ସତେ ଅବା
ସେ ଲୋକର ଜନ୍ମଦିନ ପାଇଁ

ଆଜିର ଏ ଥଣ୍ଡା ରାତି ମଝି ପହରକୁ।

ସେ ଲୋକର ଛାଇ ବି ତ ପ୍ରତିବର୍ଷ ହଜିଯାଏ
ଥଣ୍ଡା ରାତି ଝାପ୍‌ସା କୁହୁଡ଼ିରେ
ତାର ଜନ୍ମ ମୁହୂର୍ତ୍ତର ଲଗ୍ନ ଗଲାପରେ।

ତା ଛାଇ ପ୍ରଥମେ କେବେ ପଡ଼ିଥିଲା ପୃଥିବୀରେ
କେଉଁ ଛୋଟ ସହରର ସଂକୀର୍ଣ୍ଣ ଗଳିରେ
ସେଦିନଠୁ ଆଜିଯାଏ ଅପେକ୍ଷା ଅପେକ୍ଷା ଖାଲି......
ଯୁଣ ଛକ ଅନ୍ଧାରରେ ହଜିଥିବା ଡଙ୍ଗା ଘାଟ
ହଜିଥିବା ନଈଧାର ନିଶବ୍ଦ ସୁଅର
ପୁଞ୍ଜୀଭୂତ ବେଦନାର ବ୍ୟଥାତୁର ନିସ୍ତବ୍‌ଧତା.....
ଦ୍ୱିତୀୟ ଥରକ ପୁଣି ତାର ଜନ୍ମ ମୁହୂର୍ତ୍ତକୁ
ତା ଦ୍ୱିତୀୟ ଫେରିବାର କଲ୍ୟାଣ ଓ ଆଶୀର୍ବାଦ ପାଇଁ।

ଲକ୍ ଗେଟ୍ ପାଖରେ ତୋ ଜମାଟ ଶୀତର ରାତି
ତୋର 'ଗ୍ରଗ୍' 'ରମ୍ ପଞ୍ଚ୍' 'ରୋଷ୍ଟ୍ ବିଫ୍' — କ୍ରିସ୍‌ମାସ୍ ତୋର
ସେ ଲୋକର ଦୟାକ୍ଷମା......... ତା ହତ୍ୟାର ରକ୍ତାକ୍ତ ସ୍ମୃତିରେ
ତାର ଜନ୍ମ ମୁହୂର୍ତ୍ତରେ ତୋ ପ୍ରାର୍ଥନା କଣ ଥିଲା ?
କେଉଁ ସାମ୍, କେଉଁ ଗୀତ ତୋ ଆତ୍ମାରୁ ଝୁରି ଝୁରି
ମିଶିଥିଲା ସେ ରାତିର କୁହୁଡ଼ି ଓ ଝିଙ୍କାରୀ ଶବ୍ଦରେ ?

You poor lonely miserable fool
ତୁ କାହିଁକି ଆସିଥିଲୁ ଏ ରାଜ୍ୟକୁ !
ତୋ ରାଜାର ମଜୁରୀକୁ ? ଅବା ତୋର ବୋକାମିର ଭୁଲ ଖିଆଲରେ
ତୁ ଆସି ଏଠିକି ହଠାତ୍ ବାଟ ହୁଡ଼ି ହଜି ଗଲୁ
ନିଖୋଜ ନିଶ୍ଚିହ୍ନ ?

ମୁଁ ବି ତ ବୁଝେନା ନିଜେ କେଉଁ ଭୁଲ୍ କେଉଁ ଖିଆଲରେ

ମୁଁ ଆସିଚି ଖୋଜି ଖୋଜି ଛାଇ ତୋର
ଆଜିର ଏ ଥଣ୍ଡା ତାର ନିର୍ଜନ ରାତିକୁ ।

ତଥାପି ତା କଲ୍ୟାଣର ଏ ନିର୍ଜନ ଜନ୍ମ ମୁହୂର୍ତ୍ତରେ
ମୁଁ ବଢ଼ାଏ ହାତ ମୋର ସମୟର ଏ ପାଖରୁ ମୁହାଣର ସେ ପାଖକୁ
ଖୋଜି ଖୋଜି ତୋ ନିଃସଙ୍ଗ ଏକୁଟିଆ ହାତ
ତା ଦ୍ୱିତୀୟ ଫେରିବାର ଅଲୌକିକ ମୁହୂର୍ତ୍ତର ତୋ ପରି ମୋ ବ୍ୟର୍ଥ ଅପେକ୍ଷାରେ
ତା କଲ୍ୟାଣ, ଦୟା କ୍ଷମା,
ତାର ସ୍ନେହ, ତା ଆଶ୍ଳେଷ
ତା ଆଶ୍ରୟ ଆଶୀର୍ବାଦ ପାଇଁ ।

କମ୍ରେଡ୍ ମାମୁଁ

ଆଜି ତେବେ ଅହେତୁକ ଏ ଗୀତର ଦରକାର କଣ ?
କଲମରେ କବିତାରେ ଅନ୍ୟଜଣେ ଉତ୍କ୍ଷିପ୍ତ କବିର *
ଯେତେ କ୍ରୋଧ ଯେତେ ଘୃଣା ବିଦ୍ରୂପର ତୀକ୍ଷ୍ଣ ଛୁରୀ ମୁନ
ଆଜିତ ନିଶ୍ଚଳ ସ୍ତବ୍ଧ
ସେଥିରେ ବା ଯାଏଆସେ କେତେ ?
ସେ କବିର ମୃତ୍ୟୁପରେ ତା ସ୍ମୃତିତ ବିଲୁପ୍ତ ବିଗତ !

କମ୍ରେଡ୍ ମାମୁଁ ମୋର,
ଏହି ଅଳ୍ପ କେତେଦିନ ଭିତରେ ତ ଆପଣଙ୍କ
ପୁରୁଣା ପୃଥିବୀ
ବିଶେଷ ବଦଳି କିଛି ଯାଇ ନାହିଁ।
ଏବେ ବି ଭିଓଲା ବାଜେ ଗାଢ଼ ଲାଲ୍ ବୁଗେନ୍ ଭିଲାରେ
ଏବେ ବି ତ ଖରାଦିନ ପବନରେ ବିଲ ତୋଟା ଗହୀର ଭିତରୁ
ଫିରିକି ଫୁଲର ବାସ୍ନା ଭାସି ଆସେ
ଆଉ ଜଣେ କବିର † ସ୍ମୃତିରେ।
କିଛି ତ ତଫାତ୍ ନାହିଁ
ଲୋକମାନେ ଠିକ୍ ଆଗ ପରି
ଆମର ଏ ସମୟର ସବୁ ଚାଲ୍ ସବୁ ଠକାମିରେ
ଜୀବନ ଚାଲିଚି ଠିକ୍ ବାଟ ଧରି—କଟକର ରାସ୍ତାରେ ଗଳିରେ
କଂଟ୍ରୋଲ ଦୋକାନରେ, ବସ୍‌ଷ୍ଟାଣ୍ଡ, ରେଲ୍ ଷ୍ଟେସନରେ।
ଲୋକ ଭିଡ଼ ଠିକ୍ ଆଗପରି।

ଶୋକ ସଭା ବିବୃତିରେ କାଗଜର ଶୋକ ସମ୍ବାଦରେ
ଆପଣଙ୍କ "କର୍ମମୟ ନିରଳସ" ଜୀବନର ସ୍ମୃତି

---

* ଗୋଦାବରୀଶ ମହାପାତ୍ର।

† କୃଷ୍ଣମୋହନ ପଟ୍ଟନାୟକ।

ଆଲୋଚନା ହେଲା ପରେ ଆପଣ ଅତୀତ ହୋଇ
ମିଶିଗଲେ ଆଧୁନିକ କବିତାର ଇତିହାସ ସେ ଯେଉଁ ପୃଷ୍ଠାରେ
ସେ ପୃଷ୍ଠା ବିରକ୍ତିକର ହେବ ନିଶ୍ଚେ
ଓଡ଼ିଆର ଏମ୍: ଏ: ଛାତ୍ର ପରୀକ୍ଷାର ପ୍ରସ୍ତୁତି ଚେଷ୍ଟାରେ।
ଆପଣଙ୍କ କବିତାର କେତେ ଧାଡ଼ି କୋଟେସନ୍
ଶୁଣାଯିବ ହୁଏତ ବା,
ରାମଚନ୍ଦ୍ର ଭବନରେ, ବିଷୁବ ମିଳନ ଅବା ଅନ୍ୟ କେଉଁ
ସାହିତ୍ୟ ସଭାରେ।

କିନ୍ତୁ ଯେଉଁମାନେ
ଅନ୍ଧାର ରାତିର ସ୍ତବ୍ଧ ପ୍ରହରର ପୁଞ୍ଜୀଭୂତ ବେଦନା ସହିତ
ଶୁଣିଚନ୍ତି ଭୟାତୁର ସନ୍ତର୍ପଣ ଶବ୍ଦ ସମୟର
ଯେତେ ଜଣ ଅସହାୟ ନିଃସଙ୍ଗ ବାଟୋଇ
ନିଜ ନିଜ ଦୁଃସ୍ୱପ୍ନର ଆକ୍ରୋଶରେ ଅଭିଭୂତ ହୋଇ
ହଠାତ୍ ବା ବାଟ ପାଖ ଡ୍ରେନ୍‌ରେ ଖାଲରେ
ରହିଯିବେ ସ୍ତବ୍ଧ ସ୍ତମ୍ଭିଭୂତ........
ସେମାନଙ୍କ କ୍ଲାନ୍ତ ଦୃଷ୍ଟି ସୀମାନ୍ତରେ
ସମୟର ତିକ୍ତ ପରିଧିରେ

ଆପଣଙ୍କ ଚାହାଣିର ତୀକ୍ଷ୍ଣ ମୂନ
ଆକଣ୍ଠ ଗରଳ ପାନ ଆପଣଙ୍କ
ଆପଣଙ୍କ ଶାଣିତ ସେ ହସ
ରହିଥିବ ଚିରଦିନ ଜୀବନର ଅଶାନ୍ତ ପ୍ରେତାତ୍ମା
ଆପଣଙ୍କ ଗୀତ ଥିବ
ନିଃସଙ୍ଗ ବେଦନାତୁର ମଣିଷର ରକ୍ତ କଣିକାରେ
ମୁକ୍ତିର ଏ ପିପାସାରେ ଚାଲିବାର ନିର୍ମମ ତୋଫାନ୍।

ସାମ୍ନାରେ ଶୀତ ରାତି

ସାମ୍ନାରେ ଶୀତ ରାତି ଅସରନ୍ତି ଅନେକ ମୁହୂର୍ତ୍ତ
ଅସରନ୍ତି ଶୀତ ରାତି ଆଦିଗନ୍ତ ସମୟ ସମୟ
ନିରର୍ଥକ ଏ ଯାତ୍ରାର ପୁଞ୍ଜିଭୂତ ଗ୍ଲାନି ଅବସାଦ।
ପବନର ଥଣ୍ଡା ହାତ ପୃଥିବୀର ଅନ୍ଧାର ଭିତରେ
ମୋ ମନରେ ସ୍ୱପ୍ନ ଆଣେ କାହିଁକି ବା ଜହ୍ନ ଓ ତାରାର।

ଜହ୍ନ ଓ ତାରାର ରାତି ସେତ କେଉଁ ଅତୀତର ସ୍ମୃତି
ଜହ୍ନ ଓ ତାରା ତ କେଉଁ ହଜିଥିବା ଦିଗନ୍ତରେ
ଲାବଣ୍ୟବତୀର ନିଦ। ସ୍ମୃତିର ଅନ୍ଧାର ତଳେ
କେତେ ମୁହଁ ହସର ବିସ୍ମୟ।

ତା ଆଖିର ଅନ୍ଧାରରେ ରାତି ମୋର ବିଭ୍ରାନ୍ତ ବ୍ୟଥିତ
କକ୍ଷଚ୍ୟୁତ ଯେତେ ତାରା ତା ହସରେ କବିତାର ଅତ୍ୟୁକ୍ତି ଭିତରେ।
ଏ ଶୀତ ରାତିରେ ଥଣ୍ଡା ଦେହତଳେ ଏ ପୃଥିବୀ
ଯେତେବେଳେ ନିର୍ବାକ ନୀରବ
ବହୁତ ମୃତ୍ୟୁର ପରେ ଅନ୍ୟ ଏକ ମୃତ୍ୟୁ ପାଇଁ
ଏ ହୁଏତ ସମୟର ତୀକ୍ଷ୍ଣ ନଖ ଦାନ୍ତର ଆଘାତ।

ବସନ୍ତ ସହିତ ଆସେ

ବସନ୍ତ ସହିତ ଆସେ ବାହାଘର ତିଥି ବ୍ୟାଣ୍ଡ୍ ବାଜା
ନିମନ୍ତ୍ରଣ କାର୍ଡ ଆସେ, ମାଇକ୍‌ରେ ରାତିଯାକ ଗୀତ
ବସନ୍ତ ସହିତ ଆସେ ଆମ୍ବକଷି କଢ଼ ଚାରିପାଖେ
ମହୁମାଛି ଡେଣାତଳେ ଆସ୍ତେ ଆସ୍ତେ ତାତୁଥିବା
ଫାଲ୍‌ଗୁନର ଖରା ।

ତା ଦେହର ବସନ୍ତରେ ରଙ୍ଗ ଧରେ କୃଷ୍ଣଚୂଡ଼ା ଫୁଲ
ତା ଆଖିର ଆକାଶରେ ରୂପ ପାଏ ପୃଥିବୀର ପ୍ରାଚୀନ ସମୟ
କୁରୁବକ କଦମ୍ବର ସ୍ୱପ୍ନ ଫେରେ ତା ଓଠର ବିଷଣ୍ଣ ହସରେ
ମୋ ସତ୍ତାର ସୀମାନ୍ତରେ ସେତେବେଳେ ପତ୍ର ଝଡ଼େ
ମୋ ଦେହର ଦିଗନ୍ତରେ ସେତେବେଳେ ସୂର୍ଯ୍ୟାସ୍ତର ବିଷଣ୍ଣ ବିଦାୟ ।

ଏସ୍‌ରାଜ ଭାଓଲିନ୍

ଏସ୍‌ରାଜ ଭାଓଲିନ୍ ସିତାର ତାରରେ
ଚମ୍ପାକଢ଼ ଆଙ୍ଗୁଠିରୁ ଝରି ଆସେ ଜହ୍ନରାତି
ଫୁଲର ଝରଣା
ମୂର୍ଚ୍ଛନାର ଏ କୁହୁକ ଘାରି ଦିଏ ଦେହ ମନ
ସବୁ ଫୁଲ, ସବୁ କଢ଼, ସବୁ ମୁହଁ ଦେଖାଯାଏ
ସ୍ୱପ୍ନାଭ ସୁନ୍ଦର
ମୂର୍ଚ୍ଛନାର ଏ କୁହୁକ ଚମ୍ପାକଢ଼ ଆଙ୍ଗୁଠିରୁ
ଭାଓଲିନ୍ ସିତାର ତାରରେ !

ଭାଓଲିନ୍ ସିତାରରେ କିନ୍ତୁ ଯେବେ ଚୁପ୍ ହୁଏ
ଶବ୍ଦର ତରଙ୍ଗ ସବୁ
ସ୍ଥିର ରହେ ଆଙ୍ଗୁଠିର ଗତି
ସେତେବେଳେ ଥିଏଟର, ନାଚଖାନା ଆସରର ମଣିଷ ଭିତରେ
ପୃଥିବୀ ପାଲଟେ ପୁଣି ଝାଳ ନାଳ ଚିତ୍କାରର
ନିର୍ଲଜ୍ଜ ଉଲଗ୍ନ ଗ୍ରହ
ଏସ୍‌ରାଜ ଭାଓଲିନ୍ ସିତାରର ତାର ଚୁପ୍ ହେଲେ ।

ମୁଁ ଫେରିଚି ଯେତେଥର ନାଚଗୀତ ଆସରରୁ
ମୂର୍ଚ୍ଛନାର ମୃତ୍ୟୁ ପରେ ଏ ରାସ୍ତାର ଅସ୍ଥି କଙ୍କାଳକୁ
ଚାଲିବାର କ୍ଳାନ୍ତି ମୋର ସାମ୍ନାର ସମୟ ଡେଇଁ
ଜମିଯାଏ ଦୂରକୁ ଦୂରକୁ
ଅନ୍ତହୀନ ଗତି ଧରି ଏ ପୃଥିବୀ ଯେବେ ଦିଶେ
ଦିଗହୀନ ଧୂସର ପାଣ୍ଡୁର
ସେତେବେଳେ ତା ସ୍ମୃତିରୁ ଦିଗନ୍ତରେ ବିଷଣ୍ଣ ଗୋଧୂଳି
ମୋ ପାଇଁ ଫେରାଇ ଆଣେ ତା ସତ୍ତାର କୁହୁକରୁ
ମୋ କ୍ଳାନ୍ତି ସତ୍ତାରେ ପୁଣି ଫାଲ୍‌ଗୁନର ଫୁଲର ମୂର୍ଚ୍ଛନା ।

ସନେଟ୍‌ର ସେ ସ୍ତ୍ରୀ ଲୋକର.......

ସନେଟ୍‌ର ସେ ସ୍ତ୍ରୀ ଲୋକର କଳା ବାଳ ଗାଢ଼ କଳା ଆଖି
ଅଶାନ୍ତ ସମୁଦ୍ର ଢେଉ ପାରି ହୋଇ ହଜିଥିବା ଦୂର ଶତାବ୍ଦୀରୁ
ମୋର ଏ ଅନ୍ଧାର ରାତି ଗହନକୁ ଫେରିଆସେ
ସେ ଯୁଗର ସେ କବିର ଅନ୍ତର୍ଦାହ ନେଇ।

ମୋର ଏହି ଅନ୍ଧାରର ନିଭୃତ ନିଃସଙ୍ଗ ମନ
ଯେତେ କ୍ଷୋଭ, ଯେତେ କ୍ଷତି ଯେତେ ମୃତ୍ୟୁ
ପୃଥିବୀରେ ଭଲପାଇବାର
ତାର ତିକ୍ତ ଯନ୍ତ୍ରଣାର ଅନୁତାପ ଅନୁଭବ ଧରି
ଆଜି ଏତେ ଭାରାତୁର।

ତଥାପି ତ ଏ ପୃଥିବୀ କୃଷ୍ଣଚୂଡ଼ା ପଳାସ ଫୁଲରେ
ଫାଲ୍‌ଗୁନର ପବନରେ ଝଡ଼ା ପତ୍ର ଆମ୍ବ ବଉଳରେ
ଏତେ ସ୍ନିଗ୍ଧ ସୁନ୍ଦର ଓ ଏତେ ରୂପବତୀ।

ସେ ରୂପର ଆଚ୍ଛନ୍ନତା ଭାରାତୁର ମୋ ମନର ନଷ୍ଟ ପୃଥିବୀରେ
ସେ ତେଣୁ ମୋ ପାଇଁ ରହେ ବନଲତା ସେନ୍ ପରି
କ୍ଷୟମାନ ମୋ ସତ୍ତାର ଏକ ସ୍ଥିର ନିଭୃତ ମୁହୂର୍ତ୍ତ
ସବୁ ଭଲପାଇବାର ପୁଞ୍ଜିଭୂତ ବେଦନା ଭିତରେ
ପୃଥିବୀର ଏ ଦେହରେ ପ୍ରତିବର୍ଷ ଫେରୁଥିବା
ବସନ୍ତର ଉନ୍ମେଷିତ ଫାଲ୍‌ଗୁନର ଫୁଲର କୁହୁକ।

ଫାଲ୍‌ଗୁନର ଫୁଲ ସୁଖେ.....

ଫାଲ୍‌ଗୁନର ଫୁଲ ସୁଖେ ଧାନ କଟା ସରିଗଲା ପରେ
ଧୂସର ଶ୍ରୀହୀନ କ୍ଷେତ ପଡ଼ିରହେ, ବାଦାମି ରଙ୍ଗର
କଣ୍ଟାଗଛ ଘାସ ସବୁ
ଖରାରେ ନିଶ୍ଚଳ ସ୍ଥିର
ଝାଞ୍ଜିର ଭଉଁରୀ ପୁଣି ବାସ୍ତୁହରା କାପ୍ତାର କାନ୍ଦଣା
ଭାରାତୁର କରି ରଖେ ଅବସର କ୍ଳାନ୍ତ ଦିପହର।

ତା ଦେହର ରଙ୍ଗଧରି ପୁଣି କେବେ ଫେରିବ ଫାଲ୍‌ଗୁନ
ତା ମନର କୃଷ୍ଣଚୂଡ଼ା ତା ନିଃଶ୍ୱାସ ରାଧାତମାଳର
ମହକ ଓ ରଙ୍ଗ ଧରି ମୋ ପାଇଁ ପୃଥିବୀ ହେବ
ବିଶ୍ରାମର ନୀରବ ମୁହୂର୍ତ୍ତ
ତା ବେଣୀର ଅନ୍ଧାରରେ ସମୟର ଦୁର୍ନିବାର ରାତି
ମୁହୂର୍ତ୍ତକ ସ୍ଥିର ହେବ
ମୋର କ୍ଳାନ୍ତ ଚେତନାରୁ ନିଭିଯିବ ନିରଙ୍କୁଶ କାଳ ଓ ଅତୀତ।

ଏଠି ଭୋର ପବନରେ.....

ଏଠି ଭୋର ପବନରେ ତଳେ ଝରେ କନିଅର ଫୁଲ
କାକରରେ ଓଦା ଘାସ ଶୁଖିଲା କେନାଲ କୂଳ ଏପାଖ ସେପାଖ
ଦୂରରେ ନଈର ପଠା ଆଚ୍ଛନ୍ନ କୁହୁଡ଼ି ତଳେ
ଏକୁଟିଆ ଝାପ୍‌ସା ତାଳଗଛ
ଏ ମୋର ନିଃସଙ୍ଗ ମନ ସକାଳର ଏହି ପବନରେ
ଖରାର ଚାଲିବା ବାଟ ଖୋଜି ଖୋଜି ହଜିଯାଏ
ଦିଗ୍‌ବଳୟ ଆଡ଼େ।

ଛଣ ଓ ଛପର ଧୋଇ ବାଦାମି ବିଲର ରଙ୍ଗ ଛୁଇଁ ଛୁଇଁ
ଆଜି ଦିନସାରା
ଏ ଖରା ତ କ୍ରମେ ଯିବ ଚଢ଼େଇ ଗୀତରେ ହଜି
ଦିଗ୍‌ବଳୟ ସେ ପାଖର ତରା ଓ ଛାଇରେ
ତା ପରେ ପ୍ରସ୍ତୁତି ମୋର ନିଃସଙ୍ଗ ରାତିର ପାଇଁ
କୁହୁଡ଼ି ଓ କାକରର ନିଃଶବ୍ଦ ପ୍ରହର ସବୁ........
ଆଖିରେ ନିଃସଙ୍ଗ ନିଦ ସାମୟିକ ନିଃସଙ୍ଗ ମୃତ୍ୟୁରେ।

ପ୍ରତିଦିନ ଏ ମୃତ୍ୟୁରୁ ଜନ୍ମ ନିଏ ନିଃସଙ୍ଗତା
ଅନ୍ୟ ଏକ ଅବୁଝା ଅପେକ୍ଷା
ପୃଥିବୀର ଅନ୍ୟ ଏକ ଭଲପାଇବାର।

ଏ ମୋର ନିଃସଙ୍ଗ ମନ
ଖରାର ଚାଲିବା ବାଟ ଖୋଜି ଖୋଜି ଦିନରୁ ଦିନକୁ

ଅନ୍ଧାରର ଯିବା ବାଟ ଖୋଜି ଖୋଜି ତାରାରେ ତାରାରେ
ଆଜି ଏତେ ଇତସ୍ତତ
ସେ ଅବୁଝ ଅପେକ୍ଷାରେ
ସେ ଅବୁଝ ଭଲପାଇବାର
ଯୁକ୍ତି ଆଉ ସମାଧାନ ପାଇଁ।
ସେ ମୁହୂର୍ତ୍ତ କେବେ ପୁଣି ?
ମୋ ମୃତ୍ୟୁର ବିସ୍ମୃତି ବା
ତା ସତ୍ତାର କେଉଁ ପ୍ରଶ୍ନ କେଉଁ ଅନ୍ଧାରରେ ?

ଆହତ ଅଶାନ୍ତ ଦୃଷ୍ଟି

ଆହତ ଅଶାନ୍ତ ଦୃଷ୍ଟି ଦିନଯାକ ସଂଘର୍ଷର
ଆଘାତ ଓ ଆବର୍ଜନା ପରେ
ଚାହେଁ ଯେବେ ନିରାଶ୍ରୟ ଶ୍ରାନ୍ତ କ୍ଲାନ୍ତ ଦୂର ଆକାଶକୁ
ସନ୍ଧ୍ୟାର ନିର୍ଜନ ତାରା ଆକାଶରେ ଶାନ୍ତ ସ୍ଥିର ଅନିମେଷ ଜ୍ୟୋତି
ସେତେବେଳେ ତା ସତ୍ତାର ରକ୍ତାକ୍ତ କ୍ଷତରେ
ଅକସ୍ମାତ୍ ଶାନ୍ତି ଆସେ
ଆକାଶର ଆଦିଗନ୍ତ ବ୍ୟାପ୍ତି ଓ ବିସ୍ମୟ ।

ମୋ ନିଃସଙ୍ଗ ଦିନାନ୍ତର ଯେତେ କ୍ଷୟ କ୍ଷୋଭ ଯେତେ
ଅପମାନ ଅଣ ସଫଳତା
ତା ଆଖିର ଅନ୍ଧାରରେ ସାନ୍ତ୍ୱନାର ନିଶବ୍ଦ ସୁପ୍ତିରେ
ଆଜି ଯେବେ ଶାନ୍ତ ହୋଇ ଶୋଇ ପଡ଼େ
ହେ ଆକାଶ ହେ ମୋର ପୃଥିବୀ
ତୁମର ଦେହରେ ରହୁ ଚିରନ୍ତନ ତା ଦେହର ଧ୍ୱନି ଓ କବିତା
ତା ସତ୍ତାର ସଂଳାପରେ ବସନ୍ତର ଗୀତ ରହୁ
ମୋ ଧୂସର ଦିଗନ୍ତର ସ୍ମୃତିର ସେ ପାଖେ
ମୋ ପରି ବ୍ୟଥିତ ବହୁ ପଥିକର ସନ୍ଧ୍ୟା ତାରା
ସମୟର ବିସ୍ମୃତିରେ ଆଖି ତାର ବିସ୍ମୟର ସାନ୍ତ୍ୱନାର
ଜୀବନର ନିର୍ନିମେଷ ଜ୍ୟୋତି ।

ତା ଆଖିର ତୁଳନା ତ

ତା ଆଖିର ତୁଳନା ତ ସକାଳ ନୀଳ କଇଁ ନୁହେଁ

ନୀଳ କଇଁ ପାଖୁଡ଼ାରେ
ମସୃଣ ମୁହଁର ଛାପ ଆକାଶର
ପାଣିର ଅଳସ ଢେଉ
ପବନ ଓ ଘାସର କବିତା ।

ତା ଓଠର ରଙ୍ଗ ନୁହେଁ ଗାଢ଼ଲାଲ ସନ୍ଧ୍ୟାର ଆକାଶ ।

ସନ୍ଧ୍ୟାର ଆକାଶ ସେତ
ଝରକା ଭିତରୁ ଦୃଶ୍ୟ ଆସନ୍ନ ରାତିର
ନିଦରେ ନିଶ୍ଚିହ୍ନ ହୋଇ ନିଭିଯିବା ନୀରବ ବିଶ୍ରାମ ।

ତା ଦେହ ତ ଚଇତ୍ରର ଅବସନ୍ନ ଅପରାହ୍ନ ପରି

ଆସନ୍ନ ଖରାର ରୁକ୍ଷ ତାତିଭରା ସମୟ ସୁଅରେ
ନିଶବ୍ଦ ନିରବଛିନ୍ନ ଭାସିଯାଏ ଯେତେବେଳେ
ମୋ ଦେହର ଉପସର୍ଗ ସବୁ
ତା ଦେହ ତ ଚଇତ୍ରର ଦିପହର ଶିଥିଳତା ଧରି
ମୋ ମୃତ୍ୟୁ ମୋ ବିଲୁପ୍ତିରେ ଭରିଦିଏ ଭଲପାଇବାର
ଝଡ଼ାପତ୍ର ଭଉଁରୀରେ ଝଡ଼ିଯିବା ଗୀତର ମୂର୍ଚ୍ଛନା

ଦେହର ନିର୍ଲଜ୍ଜ ଭୋକ

ଦେହର ନିର୍ଲଜ୍ଜ ଭୋକ ଭିତରେ ତ ନଷ୍ଟ ହୁଏ
ମନ ଆଉ ଆତ୍ମାର ପୃଥିବୀ
ଯେଣୁ ଏ ଦେହରୁ ଜନ୍ମ ପୁଣି ପାଏ ଅନ୍ୟ ଦେହ
ତା ପରେ ତ ସମୟର ନିଷ୍ଠୁର ଜୀବନ ତୃଷ୍ଣା
ଅର୍ଥ ଆଉ ବ୍ୟବସାୟ ପରିବାର ରୋଜଗାର ଧରି
ମନର ତ ମୃତ୍ୟୁ ହୁଏ, ରହିଯାଏ ଲାଳସାର କ୍ଷୁଧା।
ବାରମ୍ବାର ଫେରି ଏ ଦେହକୁ ଅନ୍ୟ ଦେହ ପାଇଁ।

ମୋ ଦେହରେ ସେ ଭୋକର ଅନୁଭୂତି ନିଷ୍ଠୁର ଲାଳସା
ଯେତେ ତୃପ୍ତି ପାଇଲେ ବି ପୁଣି ଫେରେ ଉତ୍ୟକ୍ତ ନିର୍ଲଜ୍ଜ
ଅନ୍ୟ ଏକ ଦେହ ପାଇଁ। ଜୀବନର ଯନ୍ତ୍ରଣା ସହିତ
ନିର୍ଲଜ୍ଜ ଏ ଭୋକର ବା ଶେଷ କାହିଁ ପରିତୃପ୍ତି କାହିଁ?

ନିର୍ଲଜ୍ଜ ମୋ ଏ ଦେହର ଭୋକ ରହୁ ତା ଠାରୁ ଦୂରରେ
ମୋର ନଷ୍ଟ ଆତ୍ମା ମନ ପୁଣି ଯଦି ଫେରିଯାଏ ସ୍ୱାସ୍ଥ୍ୟ କେବେ
ସେଦିନ ମୋ ଭଲପାଇବାର
ସାର୍ଥକ ମୁହୂର୍ତ୍ତ ସବୁ ଆକାଶର ତାରାରେ ତାରାରେ
ପୃଥିବୀର ସବୁ ଘାସ ସବୁ ନଈ ସବୁ ଋତୁ ସବୁ ସଙ୍ଗୀତରେ
ତା ମନ ଓ ଆତ୍ମାର ପୃଥିବୀକୁ ଫେରି ଯିବ
ତା ଦେହରେ ବସନ୍ତର ସବୁ ଫୁଲ ସବୁ ହସ ସବୁ ବସନ୍ତକୁ।

ତା ଦେହର ବସନ୍ତ ବା ଯଦି କେବେ ବିପର୍ଯ୍ୟସ୍ତ ହୁଏ
ଅନ୍ୟ ଦେହ ଅନ୍ୟ କ୍ଷୁଧା ଅନ୍ୟ ଭୋକ ଅନ୍ୟ ଲାଳସାରେ
ତଥାପି ଏ ମୁହୂର୍ତ୍ତରେ ତା ଦେହର ଅନାସକ୍ତ ବର୍ଷା ଓ ବସନ୍ତ
ରହିଥିବ ମୋ ସ୍ମୃତିରେ ଚିରଦିନ ପୃଥିବୀର କୁମାରୀତ୍ୱ ଦେଇ।

ଏ ନାଲି ମାଟିର ରାସ୍ତା

ଏ ନାଲି ମାଟିର ରାସ୍ତା କେତେ ଦୂର ଯାଏ କେତେ ଦୂର ?

କେନାଲର କୂଳ ଧରି ସାମ୍ନାର ପୋଲ ପାରି ହୋଇ
ସେ ପାଖ କେନାଲ ଦାଢ଼ ଧରି ପୁଣି
ଏ ନାଲି ମାଟିର ରାସ୍ତା ଛୁଇଁ ଛୁଇଁ ଗାଆଁ ଘର
ଏ କଣ ଶେଷରେ ଯାଏ ନିଶ୍ଚିହ୍ନ ନିଖୋଜ ହୋଇ
ଘାସ ଆଉ ଗୁଡ଼କଙ୍କ କଣ୍ଟାବଣ ସମୁଦ୍ର ବାଲିରେ ?
ତା ପରେ ସମୁଦ୍ର ଢେଉ ଅସୀମ ଅତଳ ପାଣି
ଯେତେ ଦୂର ଯାଏ ଆଖି ପାଏ ?

ନିର୍ଜନ ଏ ବାଟରେ ତ ବହୁତ ବାଟୋଇ ଦୂର ସମୁଦ୍ର ଆଡ଼କୁ
ଆଖିରେ କେବଳ କ୍ଳାନ୍ତି ପିଠିରେ ବହୁତ ବୋଝ
ମନରେ ତ ସମୁଦ୍ରର ଅଦ୍ୟମ ପିପାସା
ଏ ନାଲି ମାଟିର ମୋହ ଏତେ ବାଟ ଚାଲିବାର କ୍ଳାନ୍ତି ସତ୍ତ୍ୱେ
ରଖିଚି ଆଚ୍ଛନ୍ନ କରି ମସ୍ତିଷ୍କର ସବୁ ସ୍ନାୟୁ ରକ୍ତର କଣିକା ।
ତଥାପି ନିର୍ଜନ ବାଟ—ସେମାନେ ତ ସମସ୍ତେ ଏକାକୀ ।

ଏ ବାଟରେ ଯିବା ପାଇଁ ଏ ମୋର ଉତ୍ସୁକ ମନ କାହା ଅପେକ୍ଷାରେ ?
କାହାର ଅସ୍ପଷ୍ଟ ଛାଇ ଏଠି ମୋର ପାଖେ ପାଖେ
ଗୁଡ଼କଙ୍କ କଣ୍ଟାଘାସ ବାଲି ନିର୍ଜନରେ
ନିଶ୍ଚିହ୍ନ ନିଖୋଜ ହୋଇ ମୋ ସହିତ ହଜିଯିବା ପାଇଁ ?

ତା ପରେ ତ କୂଳହୀନ ଅତଳ ସମୁଦ୍ର ।

ନିଭୃତ ଏକାନ୍ତ ମୋର

ନିଭୃତ ଏକାନ୍ତ ମୋର ଏ ମନର ପୃଥିବୀର
ବୟସ ତ ହେଲାଣି ବହୁତ
ବହୁତ ବସନ୍ତ ଆସି ଏଠି ତ ଯାଇଚି ମରି
ବର୍ଷା ମେଘ ଝଡ଼ ଓ ଅନ୍ଧାର
ବହୁତ ନଈର ସୁଅ ଏଠି ତ ଯାଇଚି ହଜି
ନିର୍ଜନ ମୋ ଆକାଶ ଦେହରେ
କକ୍ଷଚ୍ୟୁତ ତାରାର ତିର୍ଯ୍ୟକ ଗତି
ଯାଇଚି ନିଶ୍ଚିହ୍ନ ହୋଇ
ନିର୍ଜନ ଏ ପୃଥିବୀରେ ମୃତ୍ୟୁର କେବଳ ଛାଇ
ଅକଥିତ ମୃତ୍ୟୁର ବେଦନା।

ସେ ମୃତ୍ୟୁର ଛାଇ ଜମେ ପୃଥିବୀର ଛାତି ପରେ
ଗୋଧୂଳି ତ ନୀରବ ଧୂସର
ଧୂସର ଗୋଧୂଳି ତଳେ
ଛାତିର ସ୍ପନ୍ଦନ ଧରେ ସମୟର ଅବିଶ୍ରାନ୍ତ ଗତି।
ସେଥିରୁ ନିସ୍ତାର ନାହିଁ
ମୃତ୍ୟୁରୁ ନିସ୍ତାର ଆସେ ମୃତ୍ୟୁରେ କେବଳ।

ଆଜି ତେଣୁ ତା ଦେହର ରଙ୍ଗ ଯେବେ ମ୍ଳାନ ହୋଇ ଆସେ
ତା ଓଠର ଚିହ୍ନ ଯେବେ ନିଭିଯାଏ ନିଷ୍ପ୍ରଭ କରୁଣ
ହେ ପୃଥିବୀ ହେ ମୋର ଆକାଶ
ତୁମର ବିଲୁପ୍ତି ପାଇଁ ମୋର ଆଜନ୍ମ ଅପେକ୍ଷା
ଶେଷ ହେଉ ଶେଷ ହେଉ
ତାର ଭଲପାଇବାର ଅହେତୁକ ନିଷ୍ଫଳ ସ୍ମୃତିରେ।

ବହୁତ ମୃତ୍ୟୁର ପରେ
ମୃତ୍ୟୁରୁ ନିସ୍ତାର ଆସେ ମୃତ୍ୟୁରେ କେବଳ।

ସେ ରହେ ରକ୍ତରେ ମୋର......

ସେ ରହେ ରକ୍ତରେ ମୋର ଗୋପନରେ
ଏକ ମୃଦୁ ଗୀତର ମୂର୍ଚ୍ଛନା
ସହରର କାର୍ ବସ୍ ଲୋକ ଗହଳରେ,
ସେ ରହେ ମୋ ଚେତନାରେ ଏକ ମୃଦୁ ଉତ୍ତେଜନା ପରି।
ଏ ପୃଥିବୀ ଯେତେବେଳେ ଛୁଟେ ଆଜି ଭୀତ ତ୍ରସ୍ତ
ମହା ପରିନିର୍ବାଣର ଆସନ୍ନ ଭୟରେ
ସେ ରହେ ମୋ ସତ୍ତାତଳେ ଜିଦ୍‌ଖୋର
ଜୀବନର ଏକ ସୂକ୍ଷ୍ମ ପ୍ରଗଲ୍‌ଭ ଝରଣା।

ଆମର ଏ ସମୟର ଜୀବନର ଆତଙ୍କିତ ସ୍ଥିତି
ହୁଏତ ବା ଅକସ୍ମାତ୍ କେଉଁ ମୁହୂର୍ତ୍ତରେ
ହଠାତ୍ ନିଶ୍ଚିହ୍ନ ହୋଇ ମିଶିଯିବ ଧୂଆଁରେ ବାଷ୍ପରେ।

ସେ ମୃତ୍ୟୁର ଭୟାତୁର ମଣିଷର ମୁହ୍ୟମାନ ରାତି
ମୂର୍ଚ୍ଛିତ ନିର୍ଜୀବ ଆଜି ଯେଉଁ ଅପେକ୍ଷାରେ
ଅତର୍କିତ ସେ ମୁହୂର୍ତ୍ତ ଯାଏ
ତା ସତ୍ତା ନିଖୁଣ ରହୁ
ଜୀବନର ସୁଅ ରହୁ ପ୍ରଗଲ୍‌ଭ ଝରଣା ପରି
ତା ରକ୍ତରେ ତା ହସରେ ତା ଦେହର ରଜନୀଗନ୍ଧାରେ।

କ୍ୟାମ୍ପସ୍ ବ୍ଲୁଜ୍
(Campus Blues)

ଏପ୍ରିଲ୍ ଖରାର ତାତି କଂକ୍ରିଟ୍ ଛାତରେ
ବାସ୍କେଟ୍ ବଲ୍ ପଡ଼ିଆର ଚଟାଣରେ
କ୍ରିକେଟ୍ ପଡ଼ିଆ ଘେରା ତାରବାଡ଼ କଣ୍ଟାର ମୂନରେ
ଯଦିଚ ବା ରାତି ଅଧ ବାରଟା ସେ ପାଖ
ଟାଇଫଏଡ୍ ତାତି ପରି ଏପ୍ରିଲ୍ ଖରାର ତାତି
ଲାଗି ରହେ ବୋରାବର ବ୍ରୋଞ୍ଜ୍ ଘୋଡ଼ା
କୃଷ୍ଣଚୂଡ଼ା ଗୁଲ୍‌ମୋହର ସୁନାରୀ ଫୁଲରେ ।
କ୍ଷୟ ପକ୍ଷ ଜହ୍ନ ତଳେ ହଷ୍ଟେଲ୍ ସବୁ ଚୁପ୍‌ଚାପ୍
ବୋର୍ଡ଼ର୍ ସବୁ ନିଘୋଡ଼ ନିଦରେ ।

ସେସନ୍ ସରି ଆସିବାର କରୁଣ ଏ ବିଦାୟର
ନିର୍ଜନତା ଆଜି
ସବୁ ବର୍ଷ ଏପ୍ରିଲ୍‌ର ନିର୍ଜନତା ପରି
ଉତ୍ସୁକ ବହୁତ ମନ
ଉତ୍ସୁକ ବହୁତ ଆଖି ସାମ୍ନାରେ
ଅକଥିତ କେତେ ଆଶା
ଏ ଜହ୍ନର ଛାଇପରି
ରୂପହୀନ ଦେହହୀନ ସମ୍ଭାବନା ବହୁତ ସ୍ୱପ୍ନର ।

ସେମାନେ ଏକାଠି ବୋଧେ ଏକଜୁଟ ହୋଇ
ଏପ୍ରିଲ୍‌ର ଏ ତାତିରେ ଶବ୍ଦହୀନ ଶୋଭଯାତ୍ରା କରି

ଉଦ୍ୟତ ଫାଟକ ଡେଇଁ ଯିବା ପାଇଁ
ସେପାଖ ରାସ୍ତାକୁ

ସେ ରାସ୍ତା ତ କ୍ୟାମ୍ପସ୍ ବାହାରେ
ଏକୁଟିଆ ଟ୍ରକ୍ କେବେ, ଏକୁଟିଆ ସ୍କୁଟର ବା କାର୍
ଗୀତଗାଇ ଫେରୁଥିବା ଟ୍ରଲିବାଲା
ଆବାଜ୍ କେବେ ପୁଲିସ୍ ସିଟିର।
ବିଭିନ୍ନ ବହୁତ ଶବ୍ଦ......
ଅନ୍ୟ ଏକ ପୃଥିବୀର ପ୍ରତିଧ୍ୱନି ପରି

ଏ କରୁଣ ମୁହୂର୍ତ୍ତ ତ ସମୟରୁ ଛିଣ୍ଡିଥିବା
ଏ କ୍ଷୁଦ୍ର ଭଗ୍ନାଂଶ ଯେପରି.......
ଲାଇବ୍ରେରି, କରିଡର, ବ୍ଲାକ୍‌ବୋର୍ଡ, ହଷ୍ଟେଲ ବିଛଣା
ପୁରୁଣା ପୋଷାକ ପରି।
ସାମ୍ନାରେ ଅଦେଖା ରାସ୍ତା
ହାତଠରା ଅନ୍ୟ ଏକ ଅଦେଖା ହାତର।
ସେମାନଙ୍କ ଦଳବଦ୍ଧ ପ୍ରସେସନ୍ ଭିତରେ ତ
ଏପ୍ରିଲ୍‌ରେ
ପ୍ରତିବର୍ଷ ଏକା ଏକା ସେମାନେ ସମସ୍ତେ।

ମୋର ହଠାତ୍ ମନେ ହେଲା
ଏମାନଙ୍କ ସହିତରେ ମୁଁ ବି ଅନ୍ୟଜଣେ
ବହୁତ ପୁରୁଣା ବହୁ ବର୍ଷ ତଳୁ ଏପ୍ରିଲ୍ ମାସରୁ
ଟେନିସ ପଡ଼ିଆ ଘାରି ଝୁରୁଥିବା ଜହ୍ନର ଛାଇରୁ
ଚାଲି ଚାଲି ଆସୁଚି ମୁଁ
ସରିଥିବା ସେସନ୍‌ରୁ, ସରି ସରି ଆସୁଥିବା ବି: ଜେ: ବି ର ଏପ୍ରିଲ ତାତିକୁ।

ଫାଟକ ସେପାଖ ରାସ୍ତା ସବୁଦିନ ଫାଟକ ସେପାଖେ।
ଏପାଖେ ମୋ ସମୟର ଛୋଟ ଛୋଟ ଭଗ୍ନାଂଶ ସହିତ

ମୋ ସତ୍ତାରେ କଂକ୍ରିଟ୍......ଏପ୍ରିଲ୍ ଖରାର ତାତି
ମେ, ଜୁନ୍, ଖରା ଛୁଟି
ଟାଇଫଏଡ୍ ତାତି ପରି ଅସରନ୍ତି ସମୟର
ଅନିଶ୍ଚିତ ବର୍ତ୍ତମାନ
ଭବିଷ୍ୟତ ବିହୀନ ଅତୀତ।

BLACK EAGLE BOOKS

www.blackeaglebooks.org
info@blackeaglebooks.org

Black Eagle Books, an independent publisher, was founded as a nonprofit organization in April, 2019. It is our mission to connect and engage the Indian diaspora and the world at large with the best of works of world literature published on a collaborative platform, with special emphasis on foregrounding Contemporary Classics and New Writing.

www.ingramcontent.com/pod-product-compliance
Lightning Source LLC
Chambersburg PA
CBHW030535080526
44585CB00014B/948
9781645603788